KIRCHEN,

Kirchen, Klöster und Kultur

Begegnungsräume in Kärnten

Herausgegeben von Matthias Kapeller

Mit freundlicher Unterstützung von
Raiffeisen.Meine Bank

Verlag Carinthia

Die Deutsche Bibliothek - CIP-Einheitsaufnahme

Kirchen, Klöster und Kultur : Begegnungsräume in Kärnten / Matthias Kapeller (Hrsg.). - Klagenfurt : Verl. Carinthia, 2001
ISBN 3-85378-539-5

© 2001 Verlag Carinthia, Klagenfurt
Alle Rechte vorbehalten
Gestaltung: Pliessnig/TextDesign
Satz & Repro: TextDesign GmbH, Klagenfurt
Herstellung: Medienhaus Carinthia
Fotos: © Heinz Ellersdorfer; außerdem: Eggenberger, Kapeller und Neumüller
Coverfoto: © Neumüller, Pfarrkirche Irschen
Karte: © Schubert & Franzke, St. Pölten

ISBN 3-85378-539-5

http://verlag.carinthia.com

Inhalt

- 7 **Vorwort von Diözesanbischof Dr. Alois Schwarz**
- 8 **Editorial**

11 Geschichte und kirchliche Kunst
- 12 Zur Geschichte der Diözese Gurk
- 15 Kirchliche Kunst in Kärnten – von der Spätantike bis zur Moderne
- 23 Diözese Gurk-Klagenfurt: Zahlen, Daten, Fakten

25 Kärntens Katholische Kirchen und Orte der Kultur

191 Urlaub in Kärntner Klöstern

211 Feiern, Feste und religiöses Brauchtum im Kirchenjahr

221 Wallfahrten in Kärnten

- 232 **Touristenseelsorge in Kärnten**
- 234 **Kirchliche Adressen**

Vorwort

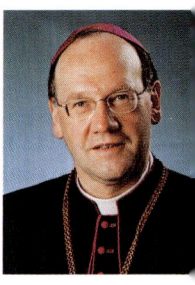

Die Weite der Bergwelt und die Klarheit der Wasser, die fruchtbaren Täler und die Seen, die wie mit blauen und grünen Augen im Gesicht der Landschaft leuchten, vermitteln, dass Kärnten ein Geschenk der Schöpfung Gottes ist. Die Kirchen und Klöster, die Kapellen und Marterln stehen darin wie Wegweiser zum Himmel als Orte der Spiritualität. Sie sind eine Quelle der Kraft des Geistes und Zeichen des Glaubens mit dem Ausdruck des Brauchtums und einer Geschichte der Frömmigkeit.

Mit diesem Buch lade ich Sie ein, dass Sie sich auf den Weg machen, zunächst im Durchblättern und Lesen, dann aber auch zu Fuß und mit dem Auto zu den Orten des Heiligen, wo Gott anzutreffen ist in Gebäuden und Gemeinschaften, in Häusern und feiernden Christen. Ich lade Sie ein zum Zuhören und Verweilen, zum Auskosten des Atems der Stille im Innenraum der Kirchen und zum Mitschwingen der Seele im Lobpreis eines Festgottesdienstes. Bei großen Festkonzerten, aber auch in kunstvoller Musik von kleinen Ensembles werden unsere Kirchen und Kapellen Orte festlicher Stimmung und Stätten des inneren Zur-Ruhe-Kommens. Gäste und Urlauber haben einen Wegbegleiter, der ihnen schauen hilft und erzählt, der ihnen Begegnungsräume auftut. Manche werden zum Urlaub im Kloster ermutigt, andere werden zu Wallfahrten in Kärnten motiviert.

+ Alois Schwarz

Dr. Alois Schwarz
Diözesanbischof von Gurk in Klagenfurt
Klagenfurt, im Dezember 2001

Editorial

Kärnten ist ein Land im Schnittpunkt der germanischen, romanischen und slawischen Kulturen. Es wird als ein Land der Seen und Lieder bezeichnet und vor allem auch als das Land der 1000 Kirchen. Denn in das Landschaftsbild sind organisch die vielen Kirchen und Kapellen eingefügt, aber auch die für Kärnten typischen Bildstöcke und Marterln, geschaffen von Menschen als Ausdruck ihres Glaubens. Diese Kirchen und heiligen Orte werden seit Generationen von Menschen aufgesucht aus Interesse an sakraler Kunst, zum Innehalten, zum Gebet und vor allem zur gemeinsamen Feier des Gottesdienstes.

Diese Zeugnisse christlicher Tradition sorgfältig ausgewählt vorzustellen war das Ziel einer von Bischof Egon Kapellari initiierten Broschüre, die im Frühjahr 2000 zur kostenlosen Entnahme in allen Pfarren und Raiffeisenbanken des Landes aufgelegt wurde und innerhalb weniger Wochen auch in zweiter Auflage vergriffen war. Einem vielfach geäußerten Wunsch entsprechend erfolgt nun eine Neuauflage in Buchform, wobei der ursprüngliche Inhalt aktualisiert und auch maßgeblich erweitert wurde. Das Kapitel »Wallfahrten in Kärnten« wurde neu eingefügt.

Der historische Abriss des Buches beschreibt die Entwicklung im Gebiet der heutigen Diözese Gurk von der ersten Christianisierung während der Römerzeit bis hin in unsere Gegenwart. Jede dieser Epochen – von der Spätantike bis zur Moderne – hat ihre Spuren auch in der sakralen Kunst hinterlassen.

Kernstück der Buches bildet eine Übersicht über kirchliche Sehenswürdigkeiten und Orte der Kultur. Über 80 ausgewählte Stätten werden in Wort und Bild vorgestellt, eine durchgehende Nummerierung erleichtert das Auffinden in der Übersichtskarte.

Besondere Orte der Spiritualität sind auch in Kärnten die fast 40 Niederlassungen der Frauen- und Männerorden. Zahlreiche Klöster öffnen für Gäste ihre Pforten und bieten eine Atmosphäre, in der Körper,

Seele und Geist sich finden, erholen und »erbauen« können. Neben der Einladung zum »Urlaub im Kloster« wird auch das vielfältige Angebot der Touristenseelsorge vorgestellt.

Die Zusammenstellung der Feiern und des religiösen Brauchtums im Kirchenjahr sowie der Wallfahrten in Kärnten bietet einen Überblick über den gelebten Glauben und lädt ein zu einer ganz persönlichen Glaubensbegegnung und -auseinandersetzung.

Eine Übersicht mit Zahlen, Daten und Fakten zur Diözese liefert auch statistisches Material. Kirchliche Adressen, Telefonnummern und Internetadressen sollen Ratsuchenden weiterhelfen.

Auf Wunsch des Verlages wurde aus der Fülle des vorhandenen Materials nur jener Teil ausgewählt, der die bedeutendsten Zeugnisse und Traditionen der Katholischen Kirche – der größten und ältesten christlichen Gemeinschaft in diesem Land – betrifft. Keineswegs wird daher der Anspruch auf Vollständigkeit erhoben. Zu danken ist den Mitherausgebern, dem Diözesankonservator Dr. Eduard Mahlknecht und dem leitenden Archivar der Diözese Gurk Univ.-Doz. Dr. Peter G. Tropper sowie Prof. Heinz Ellersdorfer, die mit ihren Beiträgen und Fotos am Zustandekommen dieses Buches maßgeblich beteiligt waren. Ein herzlicher Dank gilt auch Carinthia-Verlagsleiterin Karin Waldner-Petutschnig, der Initiatorin und konsequenten Förderin dieses Projektes sowie ihrer Mitarbeiterin, Mag. Martina Manges.

Ein ganz besonderer Dank gebührt Diözesanbischof Alois Schwarz für die Ermutigung und ideelle Förderung des Gesamtprojektes.

Möge dieses Buch Einheimische wie Gäste dazu anregen, den vielfältigen Spuren christlicher Tradition in diesem Land nachzugehen und auf dieser Entdeckungsreise ein aufschlussreicher und informativer Begleiter sein.

Matthias Kapeller

Geschichte und kirchliche Kunst

Hier am südlichen Rand des deutschen Sprachraumes, wo sich germanische, slawische und romanische Einflüsse treffen, lassen sich die eindrucksvollen, kulturellen Synthesen quer durch die Zeitenfolge auch an der wechselhaften Geschichte der Diözese festmachen. Von den römerzeitlichen Bistümern Teurnia und Virunum über die Pfarrgründungen der Heiligen Hemma, über Meister Thomas von Villach oder Michael Hönels barocken Hochaltar von Gurk bis zur aktuellen Auseinandersetzung der Kirche mit der Kunst der Moderne (Ausstellung »ICH gegenüber« auf der Straßburg) spannt sich der sehenswerte Bogen hochwertiger Sakralkunst in Kärnten.

Zusammenstellung: Peter G. Tropper
Eduard Mahlknecht
Matthias Kapeller

Dom zu Maria Saal

Zur Geschichte der Diözese Gurk

Im Gebiet der heutigen Diözese Gurk lagen in der Römerzeit die Bistümer Teurnia und Virunum. Von einer ersten Christianisierung dieses kirchlich damals zu Aquileia gehörigen Territoriums künden Monumente, etwa in St. Peter in Holz/Teurnia und am Hemmaberg. Die eigentliche Missionierung und der Wiederaufbau der kirchlichen Strukturen Carantaniens zwischen dem 8. und 10. Jahrhundert gelangen durch ein Salzburger Chor-Bistum (Maria Saal). 811 wurde die durch Kärnten fließende Drau als Grenze der Kirchenprovinzen Salzburg (im Norden) und Aquileia (im Süden) festgelegt.

In Nachfolge des Chor-Bistums errichtete Erzbischof Gebhard von Salzburg mit Zustimmung von Papst und Kaiser ein eigenes Bistum für das ehemalige Carantanien; dessen Inhaber sollte vom Salzburger Erzbischof völlig abhängig sein und als Vikar fungieren. Materielle Basis waren Güter eines 1043 gestifteten und von Erzbischof Gebhard aufgelösten Nonnenklosters in Gurk, Kathedrale war dessen Klosterkirche. 1072 wurde der erste Bischof – ohne Diözese – geweiht und eingesetzt. 1131 erfolgte die Zuteilung einer kleinen Diözese an Gurk durch Salzburg. Bischof Roman I. von Gurk (1131–1167) errichtete Schloss Straßburg – die Residenz der Bischöfe bis zum Ende des 18. Jahrhunderts – und begann mit dem Bau des Domes in Gurk, in dessen Krypta die hl. Gräfin Hemma bestattet wurde.

Der Salzburger Erzbischof Matthäus Lang (Bischof von Gurk 1505–1522 und Kardinal seit 1511) schloss mit König Ferdinand I. 1535 ein Bischofskonkordat über die Ernennung des Gurker Bischofs (bis 1918 in Kraft), wonach je zweimal der Landesherr und einmal der Salzburger Erzbischof den Bischof von Gurk ernannte. Zahlreiche Gurker Bischöfe wirkten vornehmlich im Dienste der habsburgischen Landesfürsten; in der Zeit der Reformation und Gegenreformation wurde die Gurker Kirche von bedeutenden Bischöfen geleitet und in der Aufklärung zu einer Musterdiözese staatskirchlicher Reformpolitik umgestaltet.

Unter Kaiser Joseph II. erfuhr die kleine Diözese Gurk Erweiterungen um die Salzburger und Görzer Pfarren in Kärnten. Zwar wurden in dieser Zeit die Kärntner Klöster aufgehoben, doch gleichzeitig wurde die Zahl der Pfarren in Kärnten um rund ein Drittel vermehrt. 1787 kam es zur Verlegung des Bistumssitzes in die Landeshauptstadt Klagenfurt, wo die im Zuge der Gegenreformation angesiedelten Jesuiten seit 1604 ein Gymnasium geführt und die von Protestanten errichtete Kirche übernommen hatten. Dieses Gotteshaus, St. Peter und Paul, wurde zur neuen Kathedrale der Diözese Gurk. Ein Priesterseminar bestand in Klagenfurt seit 1756.

Im Jahre 1859 wurde Gurk zum Kärntner »Landesbistum« durch die Verlegung des 1228 von Salzburg errichteten Bistums Lavant in St. Andrä/Lavanttal nach Maribor und die Übertragung der Lavanter Anteile in Kärnten an Gurk. Seit 1923 sind die Grenzen von Diözese Gurk und Land Kärnten weitestgehend deckungsgleich. Gurk ist eine zweisprachige Diözese: 1988 wurde in 69 von 337 Pfarren zumindest teilweise Slowenisch als Kirchensprache verwendet.

Während sich die Kirche in Kärnten im späten 19. und frühen 20. Jahrhundert einem sehr starken, zum

Gurker Dom, Krypta

Teil sogar militant antikirchlichen Liberalismus gegenüber sah, sind seit dem Ende der nationalsozialistischen Ära die kirchenpolitischen Rahmenbedingungen für die Diözese Gurk positiv. Bischof Joseph Köstner (1945–1981) bemühte sich um die Erneuerung der Seelsorge und musste sich mit den Auswirkungen des Zweiten Vatikanischen Konzils und der Nationalitätenproblematik befassen. Das Wirken von Bischof Egon Kapellari (1982–2001) war von starken pastoralen, sozialen und kulturellen Impulsen getragen (u. a. Hemma-Jubiläum 1987–1989, Kunst der Begegnung. Kärnten 2000). Neben den pastoralen Initiativen liegt ein wesentlicher Schwerpunkt kirchlicher Aktivitäten in der Arbeit der Caritas, die unter der Devise, Hilfe zur Selbsthilfe anzubieten, nicht nur regionale, sondern auch überregionale Hilfsprojekte durchführt. Am 22. Mai 2001 wird Bischof Dr. Alois Schwarz zum Bischof der Diözese Gurk, nach Salzburg die zweitälteste Diözese Österreichs, ernannt. Die Amtseinführung in Gurk erfolgt am 23. Juni 2001.

Peter G. Tropper

Kirchliche Kunst in Kärnten – von der Spätantike bis zur Moderne

Nach einer Frühphase lebendigen Christentums in Kärnten vom 4. bis zum Ende des 6. Jahrhunderts n. Chr. mit teilweise sensationellen archäologischen Dokumenten eines multikonfessionellen Wallfahrtskomplexes auf dem Hemmaberg oder einer Bischofs- und einer Friedhofskirche in Teurnia (St. Peter in Holz) scheint es eine über hundertjährige Zäsur kirchlichen Lebens gegeben zu haben. Erst mit der von Salzburg aus erfolgten Missionierung Kärntens und der 767 erfolgten Entsendung des Chorbischofs Modestus nach Maria Saal wird christliche Kunst wieder nachweisbar, und zwar nahezu ausschließlich in Form von Flechtwerksteinreliefs, die der Innenausstattung dienten (Millstatt, ehemalige Klosterkirche Molzbichl, St. Peter am Bichl, St. Martin bei Niedertrixen). Einer späteren, der bayrisch-fränkischen Zeit könnte die Kirche von Karnburg (2. Hälfte des 9. Jhs.) entstammen. Die Blütezeit kirchlichen Lebens beginnt jedoch erst nach der Festigung der politischen und kirchlichen Strukturen im 10. und 11. Jahrhundert, in der die zahlreichen Stifts- und Propsteigründungen stattfinden: St. Georgen am Längsee (1002), Ossiach (1028), Millstatt (1070), St. Paul (12. Jh.). Mehrere Pfarr- und eine Klostergründung durch Gräfin Hemma erfolgen. Der repräsentative Ausbau von Kirchen und Stiftsanlagen bleibt allerdings dem 12. und 13. Jh. bzw. der Zeit der Hoch- und Spätromanik vorbehalten (12. Jh. Millstatt: Portal und Kreuzgang; Gurker Dom: Südportal und Krypta, 13. Jh.: Gurk Westportal, Freskenzyklen Bischofskapelle, St. Helena am Wieserberg).

Die Kunst der Gotik, die für Kärnten eine erstrangige Bedeutung erlangen sollte, ist bald nach ihrem Beginn im 14. Jh. baulich repräsentiert durch die größte Kirche Kärntens, die Dominikanerkirche in Friesach, und durch eine der bedeutendsten Wallfahrtskirchen Kärntens, der Leonhardikirche in Bad St. Leonhard im La-

Gurker Dom, Bischofskapelle

vanttal. Diese Wallfahrtskirche zeichnet sich zudem durch den umfangreichsten und prachtvollsten Glasmalereizyklus (14. und 15. Jh.) Kärntens aus. Überhaupt stellen das 14. Jh. und die 1. Hälfte des 15. Jhs. die Glanzzeit der Glasmalerei in Kärnten dar, wie unter vielen weiteren Glasmalereifolgen vor allem jene von Lieding und Stift Viktring beweisen.

Ihre Hochblüte erreicht die Gotik in Kärnten nicht zuletzt dank des florierenden Bergbaues im Zeitraum von der 2. Hälfte des 15. bis Anfang des 16. Jhs., in dem die kunstvoll rippengewölbten Anlagen von Maria Saal, Hochfeistritz, Maria Waitschach, Völkermarkt, Heiligenblut, Eberndorf, Obervellach, Kötschach u. a. errichtet werden. In einem österreichweit unvergleichlich hohem Ausmaß entstehen farbenfrohe und erzählfreudige Wandmalereidarstellungen, beispielsweise jene des Künstlers Thomas von Villach in Gerlamoos (um 1470) und Thörl (um 1475). Die Zerstörung und Beraubung vieler Kirchen in Zusammenhang mit den Türken- und Ungarneinfällen hatte die Ausstattung der Kirchen mit Wehranlagen (Diex, Grafenbach, Grades und andere) unumgänglich erscheinen lassen. Ebenso war die Wiedereinrichtung der Kirchen mit Flügelaltären und weiterer Ausstattung notwendig geworden. Tatsächlich entstand in einem sehr kurzen Zeitraum durch den Einsatz mehrerer Werkstätten ein Großteil der heute noch erhaltenen gotischen Altäre. Die bekanntesten der 64 erhaltenen Altäre – österreichweit die höchste Zahl – befinden sich in Heiligenblut, Grades, Magdalensberg, Maria Gail, Möllbrücke, Maria Saal, Ossiach und Maria Elend.

Im 15. und 16. Jahrhundert entstand in Kärnten eine große Zahl von Fastentüchern, die den Altarraum verhüllen und die Gläubigen anhand einer biblischen Bilderfolge auf Ostern vorbereiten. Das älteste erhaltene Fastentuch Kärntens (1458) und größte Österreichs befindet sich im Dom von Gurk.

Weitere bedeutende Fastentücher sind jene von Haimburg (1504), Reichenfels (um 1520, in Bad St. Leonhard befindlich), Steuerberg (um 1530, Diözesanmuseum) und Millstatt (1593). Heute befindet sich mehr als die Hälfte der österreichweit erhaltenen Fastentücher in Kärnten.

Die Kunst der Renaissance hat nur wenige Zeugnisse hinterlassen, die sich überwiegend auf Wandmalereien und Grabsteinreliefs beschränken, da sie in die Zeit der Reformation 1525–1600 mit deren weitgehender Ablehnung bildlicher Darstellungen fällt. Besondere Erwähnung verdient allerdings der monumentale protestantische Kirchenbau (1578–1591) der Dreifaltigkeitskirche in Klagenfurt, die heutige Domkirche. Die Gegenreformation in Kärnten, die zeitlich mit der Kunst des Barock zusammenfällt, setzt bald nach ihrem Beginn am Bischofssitz in Gurk mit der Errichtung des prunkvollen und monumentalen Marienhochaltares (1626–1632 von Michael Hönel) einen selbstbewusst programmatischen Akzent und künstlerischen Höhepunkt. Eine größere Quantität an Barockaltären entsteht jedoch erst in der

Viktring   **Thörl**

2. Hälfte des 17. Jhs., vor allem aber im 18. Jahrhundert. Die Barockisierung der Kirchen erreicht dann ein nahezu flächendeckendes, das heißt den Großteil der Kirchen erfassendes Ausmaß. Es entstehen die monumentalen, mit Opfergangsportalen und reich mit goldgefassten Statuen versehenen Altäre, u. a. von St. Veit/Glan (Stadtpfarrkirche), Brückl (Pfarrkirche) und Villach (Pfarrkirche St. Jakob). Einige Kirchen werden reich mit illusionistischer Wand- und Deckenmalerei ausgestattet, wie der Dom zu Klagenfurt, die Klosterkirche von Wernberg (1733–1734) oder die Stiftskirche von Ossiach (um 1744). Die beiden letzteren werden durch den für Kärnten bedeutendsten Barockmaler Josef Ferdinand Fromiller, der zudem zahlreiche Altarbilder geschaffen hat, gestaltet. Spärlicher ist die Anzahl der Kirchenneubauten, die sich auf einige Pfarr- und Wallfahrtskirchen beschränkt. Auf Grund der meisterhaften raumplastischen Gestaltung ist dabei die Heiligenkreuzkirche in Villach Perau (1726–1744) von größter Bedeutung.

Heiligenblut   **Tanzenberg**

Das 19. Jahrhundert hat seine künstlerischen Spuren hauptsächlich an der Innenausstattung von Kirchen hinterlassen, wobei ab der 2. Hälfte des 19. Jhs. die Stilrichtung der Neugotik bis zum Anfang des 20. Jhs. sich größter Beliebtheit erfreut (St. Johann bei Wolfsberg, St. Andrä Stadtpfarrkirche, Althofen Pfarrkirche und andere).

Nachdem bereits in den 60er und 70er Jahren des 20. Jahrhunderts mehrere Kirchenneu- und Umbauten wie St. Theresia (1968) und St. Hemma (1970) in Klagenfurt, der Erweiterungsbau der Pfarrkirche Spittal (1968) oder die Errichtung der Draukirche »Zum Guten Hirten« in Spittal (1968) ausgeführt worden waren, hat die Kirche Kärntens unter dem Episkopat von Dr. Egon Kapellari in den letzten beiden Jahrzehnten des 20. Jhs. sich in erhöhtem Maß um eine Kommunikation mit zeitgenössischen Architekten und Künstlern bemüht.

Einen Höhepunkt stellt dabei sicherlich die Umgestaltung des neuromanischen Kirchenbaues der Semi-

Stein im Jauntal, Kreuzweg

narkirche von Tanzenberg und deren Ausstattung mit Wandmalereien in rudimentärem Freskocharakter sowie mit einem Altartriptychon von Valentin Oman (1986–1987) dar. Weitere Beispiele dieses fruchtbaren Dialoges mit »der Moderne« sind die Errichtung des Pfarrzentrums und der Pfarrkirche von Klagenfurt-Wölfnitz (1984–1987, G. Kulterer), der mit dem Landesbaupreis 1993 ausgezeichnete Umbau mit der völligen Neugestaltung des Innenraumes in der Pfarrkirche Herz Jesu Welzenegg (F. Freytag, F. Orsini-Rosenberg, J. Roeland), ein offener Kapellenraum im Friedhof von St. Michael ob der Gurk mit Malereien in zeichenhaft reduzierter Gegenständlichkeit zu den Themen Genesis und Apokalypse (1991, Armin Guerino und Thomas Hoke), der von beeindruckender Einheitlichkeit gekennzeichnete Kapellenraum des Landeskrankenhauses Villach (1997, Giselbert und Thomas Hoke). Im selben Jahr erfolgte auch die Neugestaltung des Altarraumes und der Taufkapelle durch elementare Formen und Zeichen in der Pfarrkirche von Klein St. Paul (W. Hofmeister). Ein markantes Dokument der Moderne war im Jahr 2000 der Umbau der Wallfahrtskirche Dolina (Architekten: Ferdinand Certov und Robert Morianz) in Form einer von Lichtschlitzen durchbrochenen Ummantelung des ehemaligen Langhauses der Kirche (von ca. 1950) und dessen Verblockung durch eine Betonwestfassade, die eine Abschirmung des Geborgenheit vermittelnden Innenraumes – in rotbraun getönter Färbelung (Johannes Zechner) – gegen die Außenwelt zu sein scheint. In besonders beispielhafter Weise vergegenwärtigt sich der Dialog zwischen Kirche und Kunst in dem 1992 von 14 Kärntner Künstlern geschaffenen »Bilderzyklus« der 14 Kreuzwegstationen in Stein im Jauntal, der schließlich in dem 1996 von Kiki Kogelnik mit Motiven zu Totentanz und Himmelfahrt gestalteten Karnerinnenraum seinen bekrönenden Abschluss erhielt.

Die im Sommer 2000 von Bischof Egon Kapellari initiierte Ausstellung »ICH gegenüber« auf Schloss Straßburg bildete den vorläufigen Höhepunkt der Auseinandersetzung der Kirche mit der Kunst der Moderne. Mit der Gegenüberstellung von alten und von zeitgenössischen, eigens für diesen Anlass geschaffenen Interpretationen biblischer Themen hat sie einen künstlerischen Weg in das neue Jahrtausend gewiesen, dessen Fortsetzung durch weitere geplante Ausstellungsprojekte unter Einbindung zeitgenössischer Kunst gesichert ist.

Eduard Mahlknecht

Hl. Hemma, Deutschordenskirche in Friesach

Diözese Gurk-Klagenfurt: Zahlen, Daten, Fakten

Kirchenprovinz: Salzburg
Bischofskirche: Dom zu Klagenfurt (Patrozinium: 29. Juni, hll. Peter und Paul)
Landespatron: hl. Josef (19. März)
Landesmutter und Schutzfrau Kärntens: hl. Hemma von Gurk (27. Juni)
Gebietsumfang: 9.500 km^2, mit geringen Abweichungen praktisch ident mit dem Bundesland Kärnten
Gesamteinwohnerzahl: 561.253 (Stand: 2001)
Katholiken in der Diözese: 441.287 Katholiken (78,4 %, Stand: 2000)
Evangelische AB + HB: 55.654 (Stand: 2000)
Pfarren: 337 in 24 Dekanaten, davon 185 Pfarren mit weniger als 1000 Katholiken
Kleinste Pfarre: Gunzenberg (38 Katholiken)
Größte Pfarre: Wolfsberg (11.200 Katholiken)
Kirchen: 337 Pfarrkirchen und 700 Filialkirchen
Diözesan- und Ordenspriester: 282
Ordensfrauen: 314
Ordensmänner: 98
Anzahl der Ordensniederlassungen: 38, davon 24 von Frauenorden
Ständige Diakone: 39
Pastoralassistenten, -innen und -hilfen: 53
Frauen und Männer in den Pfarrgemeinderäten: 4.300 (von insgesamt ca. 15.000 ehrenamtlich Tätigen)
Liturgiesprache: Deutsch und Slowenisch (als zweite Gottesdienstsprache in 69 Pfarren des zweisprachigen Gebietes in Südkärnten)

Kärntens Katholische Kirchen und Orte der Kultur Eine Auswahl

Die rund 1000 Kirchen Kärntens sind mehr als bloße Orte der Einkehr – es sind christliche Zeugnisse aus Stein, die die Lebendigkeit des Glaubens durch eine Vielzahl kultureller und seelsorglicher Leistungen illustrieren. Eine repräsentative Auswahl der schönsten und bedeutendsten Kirchen quer durch das Land zwischen Tauern und Karawanken will einladen zum neugierigen Blick, zum demütigen Innehalten und zur interessanten Entdeckungsreise – durch eine Region gelebter Spiritualität, die reich ist an spannender Kirchengeschichte und Kostbarkeiten sakraler Kunst.

Zusammenstellung: Eduard Mahlknecht

Althofen (Pfarrkirche hl. Thomas von Canterbury)

Sie wurde um 1307 erwähnt und stand unter dem Patronat des Erzpriesters von Friesach, aus dieser Zeit stammt die Modestuskapelle. Anfang des 15. Jhs. erfolgte ein Neubau. 1884 und 1908–1910 kam es zu einer historisierenden Erneuerung. Das Westportal enthält im Tympanon ein gotisches Pietàgemälde, das allerdings ebenso wie die Portalanlage und die Fassaden historisierend erneuert wurde. Davon wurde auch das Kircheninnere betroffen, wo man den Chor mit Rundbogenkonsolen und Oratorienbrüstungen versah und zudem eine Neuausmalung der Kirche mit Ergänzung und Neuanbringung von gotisierenden Rankenmalereien und Quaderbemalungen an Triumphbogen und Rippen durchführte. Die ehemalige Modestuskapelle wurde zur Sakristei umfunktioniert. Auch die Ausstattung erfuhr eine umfassende Erneuerung. An die Stelle der

Pfarramt Althofen
Schlossplatz 4
9330 Althofen
Tel.: 04262/2314
Fax: 04262/2314-4
www.dekanat-krappfeld.at
e-mail:
pfarre-althofen@dekanat-krappfeld.at

barocken wurden 1916–1920 neugotische Altäre und Epitaphien der Fa. Slama aus Klagenfurt mit Skulpturen von Marcellus Geiger aufgestellt. Das Chorgestühl war bereits 1914 erneuert worden. Bestehen blieben die barocke Kanzel von 1760 (Josef Mayer) und in der Kreuzkapelle der Altar vom 1. Viertel des 18. Jhs. mit dem sehr schönen Altarbild der Kreuzerhöhung und dem interessanten Antependium, das figurativ angereicherte Monogramme enthält. Aus der Barockzeit hat sich zudem ein umfangreicher Bestand von Heiligenstatuen, die im Langhaus über Konsolen gestellt sind, erhalten. Das barocke Bild des ehemaligen Hochaltares (2. Hälfte des 18. Jhs.) mit der Darstellung der Glorie des hl. Thomas von Canterbury über der topographischen Ansicht von Althofen ist an der Nordwand des Langhauses angebracht.

Althofen
(Filialkirche hl. Cäcilia)

Die Kirche wurde urkundlich 1434 erstmals genannt. Es handelt sich um einen romanischen, ev. im 12. Jh. errichteten Bau mit eingezogenem Chor in geradem Schluss, dessen Einwölbung mit einem Sternrippengewölbe im 16. Jh. erfolgte. Über dem Südportal hat sich eine Vorzeichnung zu einer Darstellung Christus am Ölberg erhalten (dat. 1524), im Inneren Reste von Wandmalereien aus dem 13. Jh. Den Höhepunkt der Ausstattung bildet der spätgotische Flügelaltar aus der »Jüngeren Villacher Werkstatt« (1. V. des 16. Jhs.), dessen Predellabild Christus inmitten der dicht gedrängten Apostelschar wiedergibt und in dessen Schrein die graziös posierenden Statuen der Madonna und der hll. Margaret und Cäcilia eingestellt sind. An den geöffneten Flügeln werden sie von den Reliefdarstellungen der hll. Barbara und Katharina begleitet.

Pfarramt Althofen
Schlossplatz 4
9330 Althofen
Tel.: 04262/2314
Fax: 04262/2314-4
www.dekanat-krappfeld.at
e-mail:
pfarre-althofen@dekanat-krappfeld.at

Zum weiteren Austattungsbestand zählen die mit 1693 bezeichneten Seitenaltäre, wobei in den linken eine Madonnenskulptur aus dem Ende des 15. Jhs. eingestellt ist. Der Wandaltar von 1689 beeindruckt durch zwei höchst qualitätvolle Gemälde. In der Predella der Schmerzensmann mit Maria und Johannes (um 1520), im Schrein vor tiefreichender Landschaftskulisse die Wiedergabe der Pietà im Ausdruck verhaltener Trauer (auch noch 16. Jh.).

Die ebenfalls erwähnenswerte **Kalvarienbergkapelle zum hl. Kreuz** mit ehemaliger Einsiedelei wird urkundlich 1691 erstmals genannt. In dieser Zeit dürfte der Bau errichtet worden sein (vermutlich auch der Hochaltar mit einer Kreuzigungsgruppe). Die zwei Seitenaltäre stammen aus dem 18. Jh., in der Mensa des rechten Seitenaltares ist eine Heiliggrabhöhle mit Christuskorpus eingebaut.

Pfarramt Bad Kleinkirchheim • 9546 Bad Kleinkirchheim 7
Tel. und Fax: 04240/215

Bad Kleinkirchheim (St. Katharina im Bade)

Die Filialkirche in Bad Kleinkirchheim ist an den Hang gelehnt und über eine heilkräftige Quelle gesetzt. Der Saalraum der Kirche wird von einem Satteldach mit darübergesetztem Dachreiterturm abgedeckt. Die schlichten Fassaden werden von Eckquaderbemalungen belebt, wobei auffällt, dass der verhältnismäßig große Chor mit polygonalem Schluss in der Flucht kaum vom Langhaus abgesetzt ist und an seiner Südseite gleich zwei Sonnenuhren aus der Barockzeit aufweist. Der Kirchenbau ruht auf einem massiven, an der Süd- bzw. Talseite errichteten Unterbau, der mit kräftigen Pfeilerarkaden und einem tonnengewölbten Raum den ursprünglichen Quellbereich umfasst und 1994 umgestaltet bzw. zur Taufkapelle adaptiert wurde. Den Höhepunkt des netzrippengewölbten Saalraumes bildet der spätgotische, bestens erhaltene Flügelaltar. Bereits die Predella ist reich mit Malereien ausgestattet. Vor einem Goldhintergrund sind die Gestalten der Heiligen Sippe, außen umgeben von drei Heiligengestalten in prunkvollen Gewändern, dargestellt. Der in strenger Rechteckform umgrenzte Schrein enthält drei Heiligenstatuen. In der Mitte die Patronin der Kirche, die hl. Katharina von Alexandria, begleitet vom hl. Vinzenz und der hl. Barbara. Sie alle stehen in steifer Haltung kommunikationslos nebeneinander, verfügen jedoch über eine für die »Jüngere Villacher Werkstatt« (um 1520) charakteristische weiche Modellierung. Dies gilt auch für die Statuen des Aufsatzes. Bezaubernd sind auch die Malereien der geöffneten Schreinflügel mit den Szenen der Geburt Christi, der Königsanbetung, der Auferstehung und des Pfingstereignisses, die durch elementare Figurenhaltungen und feine Farbübergänge beeindrucken. Äußerst kunstvolle, um 1520 geschaffene Kerbschnitzereien mit reich verschlungenen Ranken-, Band- und Blütenmotiven sowie Initialen sind am Emporenaufgang und an der Emporenbrüstung angebracht und lassen gemeinsam mit dem gotischen Altar aus diesem Innenraum ein Kleinod der Kunst werden.

Bad St. Leonhard
(Pfarr- und Wallfahrtskirche hl. Leonhard)

Der prächtige dreischiffig basilikale Bau entstammt dem 14. Jh. (Anfang bis Mitte 14. Jh.), der erst im 15. Jh. geschaffene Fassadenturm, dessen Helm 1885 einem Brand zum Ofper gefallen war, erhielt im 1. Drittel des 20. Jhs. den neuen Abschluss mit Wehrerkern. Der von Kreuzrippengewölben überdachte Innenraum bezaubert durch den kärntenweit umfangreichsten Bestand an gotischen Glasmalereien von 1340–1410 (neun Fenster), die ihre prachtvollste Ausgestaltung im fünfbahnigen Fenster des südlichen Seitenschiffes erfahren. Das Kircheninnere verfügt zudem über qualitätvolle Bauplastik, wie die Konsolstatuen im Seitenchor beweisen. Der Altarbestand entstammt überwiegend dem 17. Jh. Der Hochaltar mit dem bewegten

Pfarramt Bad St. Leonhard
9462 Bad St. Leonhard 59
Tel.: 04350/2259

Bild der Himmelfahrt Mariä entstand 1642, der Leonhardialtar ca. 1670 und vier weitere Altäre im 17. Jh., die Kanzel 1779. Besondere Beachtung verdient der gotische Annenaltar von 1513 mit den Tafelbildern des Malers »Melchior von St. Paul« und der geschnitzten Darstellung der Anna Selbdritt im Schrein. In dieser Kirche hat sich eine unvergleichlich große Anzahl an Eisenvotivgaben erhalten. An der Chornordwand hängt das um 1530 entstandene Fastentuch von Reichenfels, das in 25 Feldern 7 Szenen aus dem Alten und 18 aus dem Neuen Testament enthält.

Die überwiegend aus Kärnten und der Obersteiermark kommenden Wallfahrer rufen den Heiligen um Fürbitte gegen Krankheiten von Vieh und Mensch, aber auch um Befreiung aus Gefangenschaft an, wobei Votivgaben aus Eisen dargebracht wurden. Hauptwallfahrtstage sind der Pfingstmontag und der 6. November.

Berg (Pfarrkirche Mariä Geburt)

Die Kirche ist durch den mächtigen Nordturm, der im unteren Bereich noch romanische Biforienfenster aufweist und von einem steilen Pyramidenhelm bekrönt wird, weithin sichtbar. Vom Osten ausgehend schließen sich an die romanische Rundapsis ein Chorteil und der hohe, aus der Spätgotik stammende Langhausteil, der von Strebepfeilern gestützt wird, an. Davon ist der oberste Teil wehrhaft ausgestattet bzw. mit Schießscharten versehen, die gleichzeitig mit einer mächtigen Wehranlage, von der Reste erhalten geblieben sind, entstanden sein dürften. Man betritt die Kirche über ein Säulengewändeportal des 12. Jhs. mit Resten einer gemalten thronenden Madonna mit Heiligen und Stiftern im Tympanon (13. Jh.). Das Innere überrascht durch einen hellen freundlichen Saalraum, der von einem Netzrippengewölbe (um 1500) mit reicher Blumenrankenmalerei

Pfarramt Berg
9771 Berg 3
Tel. und Fax: 04712/553

laubenartig überdeckt ist. An den Rippenschnittpunkten sind mit Apostelbüsten und Wappen bemalte Schlusssteine angebracht. Dieser spätgotisch geprägte Langhaussaal führt zum niedrigen romanischen Chorquadrat und zur Apsis, in denen sich Freskenreste aus dem Ende des 13. Jhs. erhalten haben: In der Apsis Christus als Weltenrichter von Cherubinen umgeben, am Gewölbe die vier Evangelistensymbole in Engelsgestalt, an den Wänden Szenen aus der Kindheitsgeschichte und der Passion Christi. Die Ausstattung mit Altären und der Kanzel entstammt dem Barock des 18. Jhs., der neu adaptierte Hochaltar enthält eine »schöne Madonna« um 1420, der rechte Seitenaltar eine geschnitzte Dreifaltigkeitsgruppe des 18. Jhs. (Benedikt Pläß). Zur Beleuchtung dient ein im Drautal durchaus öfters anzutreffender Apostelluster (Ende 18. Jh.). Der romanische Karner (13. Jh.) in Kapellenform mit Rundapis ist mit qualitätvollen Wandmalereien (dat. 1428), Verkündigungsszene, Apostel, Engel und Heilige, ausgestattet.

Pfarramt Bleiburg • Kumeschgasse 16 • 9150 Bleiburg
Tel.: 04235/2032 • Fax: 04235/2032-4
e-mail: ivan.olip@yline.com

Bleiburg/Pliberk (Pfarrkirche St. Peter und Paul)

Vermutlich bereits im 13. Jh. Pfarrkirche kam sie 1461 zum Bistum Laibach. Das äußere Erscheinungsbild der Kirche bietet ein Zusammenspiel unterschiedlicher Epochen. Langhaus und Turm gehören der Gotik an, wobei dem Turm im 18. Jh. ein barocker Spindelhelm aufgesetzt wurde. Die Westfassade mit dem Spitzbogenportikus, der Fensterrose und den Blendfenstern trägt neugotischen Charakter (Ende 19. Jh.). Im Innern gibt sich der Bau als zweischiffige Halle zu erkennen, wobei das zweite Schiff offensichtlich zu einem späteren Zeitpunkt ergänzend hinzugefügt wurde. Beeindruckend ist die »Rippenarchitektur«, die sich im Chor, der nur leicht vom Langhaus abgesetzt ist, und im Seitenschiff zu einem Rippennetz verdichtet. Selbst die Emporenbrüstung wird von Maßwerk untergliedert. Die eher sparsame Ausstattung findet ihren Höhepunkt in dem von Irschen hierher übertragenen Hochaltar. Er entspricht einem durchaus geläufigen Hochaltartypus, dessen Säulenstellung im Mittelteil hervortritt und die Hauptnische mit der Herz-Jesu-Statue aus neuerer Zeit (20. Jh.) akzentuiert, während sie über den Opfergangsportalen mit den darübergestellten Statuen der Apostelfürsten zurücktritt und sich weit zum Licht der Fenster hin öffnet. Ein zweiter qualitätvoller Altar (an den nördlichen Triumphbogenpfeiler gestellt, 2. Hälfte 18. Jh.) zeigt in der Mittelnische die schlank proportionierte Gestalt der stehenden Madonna mit Kind. In jene des Aufsatzes ist die Reliefwiedergabe des hl. Florian eingefügt. Ein beachtenswertes Dokument des Klassizismus ist die an den südlichen Triumphbogenpfeiler gesetzte Kanzel, die neben der üblichen Ausstattung geschnitzte Schuppenbänder und Zopfgirlanden aufweist. Die gemalte Marienkrönung über der Bogenöffnung zum Seitenschiff ist der früheren Barockzeit (1680), die Kreuzigungsgruppe der Vorhalle dem 18. Jh. zuzuordnen.

Bleiburg/Pliberk
(Einersdorf/Nonča vas)

Die Filialkirche Mariä Himmelfahrt zeigt an ihrer Westseite ein eher schlichtes Äußeres, wobei der sehr hohe, schlanke, südseitig angebaute Turm mit bunter Eckquaderbemalung markant hervortritt. Erst die Ostansicht zeigt den Chor, der weit über das Langhaus erhöht ist und in schlanker Proportionierung und mit hohen Lanzettfenstern emporwächst. Auch im Inneren ist hauptsächlich der Chor, dessen Gewölbe von zarten Rippen getragen wird, von architektonischem Interesse. Diese Kirche verdankt ihre Bekanntheit vor allem der Wandmalerei, deren älterer Teil mit dem Hilfsnamen eines Meisters von Einersdorf verbunden wird. Ihm werden die von Dekorbändern und marmorierten Streifen umgebenen zwei Szenen aus der Katharinenlegende und die Szene Christus und Thomas (um 1390) zugeschrieben. Wohl derselben Meisterhand ist das langgestreckte Bild des Dreikönigszuges

Pfarramt Bleiburg
Kumeschgasse 16
9150 Bleiburg
Tel.: 04235/2032
Fax: 04235/2032-4
e-mail: ivan.olip@yline.com

an der Südwand des Chores zu verdanken, während die die etwas unbeholfene Anna-Selbdritt-Darstellung (Triumphbogen) aus einer anderen künstlerischen Hand und schließlich das in Bordüren gefasste Bild der gekrönten Maria mit Kind aus einer dritten Meisterhand stammt. Der an der Nordwand des Langhauses befindliche Bilderstreifen, der zum größten Teil der Einwölbung und den Fensterausbrüchen im 17. Jh. zum Opfer fiel und eine Szenenfolge aus dem Marienleben enthält, dürfte um 1460 entstanden sein. Die Seitenaltäre sowie die Kanzel sind eher schlicht gestaltet. Größere Beachtung verdient hingegen der Hauptaltar, der ganz im Sinne des 17. Jhs. als geschlossene Schauwand konzipiert ist, wobei am Schrein und am Aufsatz seitlich Flügel mit kleinen Figurennischen angebracht sind. Ein Juwel ist dabei die in den Mittelschrein gestellte gotische Gusssteinstatue einer äußerst graziös posierenden Madonna mit Kind aus dem 1. Viertel des 15. Jhs. Von größter Qualität ist auch der an der Südwand befestigte spätgotische Kruzifixus.

Pfarramt Bleiburg • Kumeschgasse 16 • 9150 Bleiburg
Tel.: 04235/2032 • Fax: 04235/2032-4 • e-mail: ivan.olip@yline.com

Bleiburg/Pliberk (Heiligengrab/Humec)

Die Filial- und Wallfahrtskirche wurde auf ein 1739 nach dem Brand von Bleiburg gefasstes Gelübde hin 1761–1772 anstelle einer bereits im 17. Jh. bestehenden Kapelle errichtet. Mit der hochgestreckten Doppelturmfassade und den kunstvoll geformten Spindelhelmen ist dieser effektvoll über einen Hügel gesetzte Bau weithin sichtbar. Während bei näherer Betrachtung die Fassadenkomposition sich als sehr schlicht erweist, verfügt die Kirche über einen durchaus interessanten kreuzförmigen Grundriss, der im Innern, bedingt durch ein kurzes Langhaus und durch die drei Apsiden, zentralbauartigen Charakter vermittelt. Das Innere bezieht seinen Reiz primär von der architektonischen Untergliederung – sich überschneidende Tonnengewölbe, Rundbogenöffnungen der Emporen, Doppelpilaster an den Ecken usw. – und nicht so sehr von der neobarocken Ausmalung des Oswald Bierti aus dem Jahre 1914. Reste authentischer Bemalung bietet nur die Kuppel, die von Johann Franz Kleinegger mit 1765 datiert ist. Größte Meisterschaft kennzeichnet die Altarausstattung und in ganz besonderer Weise den Hochaltar, der ebenfalls um 1765 entstanden sein dürfte. Dieser fasziniert durch die Aufgelöstheit und Leichtigkeit der hochgestreckten Komposition, die durch die Rundbogenöffnung der Mittelnische erreicht wird. Innerhalb dieser ist der Kruzifixus mit dem Querbalken zwischen die gesprengten Gebälksteile eingespannt, außen von rot leuchtenden Draperieteilen umgeben, zu Füßen von zwei Engeln mit Essigschwamm und Lanze begleitet. Die Seitenaltäre bestehen letzten Endes aus schlichten, aber effektvollen Rahmen für je ein Altarbild mit der Darstellung des hl. Isidor und der hl. Notburga (ca. 1773/74) aus der Hand des volkstümlich barocken Malers Johann Andreas Strauß, während die Predella zu seitlichen Rundpodesten für zwei Heiligenstatuen ausschwingt. Die dunkel marmorierte Kanzel mit Evangelistengestalten am Korb dürfte ebenfalls in dieser Zeit entstanden sein. Beachtenswert ist noch ein Gedächtnisbild von 1744, das auf den Brand von Bleiburg, als Anlass für die Neuerrichtung der Wallfahrtskirche, Bezug nimmt.

Die Kirche wird von Wallfahrern besonders am Dreinageltag mit der Bitte um Unwetterabwehr und Fruchtbarkeit aufgesucht.

Deutsch Griffen (hl. Jakobus d. Ä.)

Das auf einer Kuppe gelegene beeindruckende Kirchenensemble, zu dem ein 1755 überdachter Stiegenaufgang hinführt, ist schon von weitem zu sehen. Die kräftige, von Pfeilern gestützte ehemalige Wehrmauer war wohl zur Abwehr der Türken errichtet worden (2. H. d. 15. Jhs.). An der Pfarrkirche selbst fallen der Westturm mit schmalem Turmhelm und der gotische Chor (M. 14. Jh.), die das barock verbreiterte Langhaus umgeben, besonders ins Auge. Noch innerhalb der Mauer steht östlich der Kirche der gotische Karner im polygonalen Grundriss. Die Kirche geht angeblich auf eine Gründung der hl. Hemma (1043) zurück. Sie wird erstmals 1157 urkundlich genannt. Im heutigen Erscheinungsbild zeigt sie sich als ein im 14. Jh. über romanischem Kern errichteter gotischer Bau, dessen Langhaus im 17. Jh. nach Süden erweitert wurde. Im Innenraum haben sich aus

Pfarramt Deutsch Griffen
9572 Deutsch Griffen 6
Tel.: 04279/342
Fax: 04279/342-4

der Zeit der Gotik bedeutende Wandmalereien der »Älteren Villacher Werkstätte« erhalten, darunter an der Chornordseite die gemalte Darstellung eines Sakramentshäuschens, begleitet von alt- und neutestamentarischen Szenen, an der nördlichen Triumphbogenfläche die Wiedergabe von Heiligengestalten (Helena, hl. Bischof, Georg und Katharina), darübergesetzt das Auferstehungsgeschehen, umgeben von sinnbildhaft reduzierten Szenen des Neuen Testamentes, wovon sich weitere an der Langhausnordwand erhalten haben. Der Hochaltar mit der Statue des Kirchenpatrons und die Kanzel, beide in »schwarzgoldener« Fassung, entstammen dem 17. Jh., ebenso die an die Südwand gesetzte Kreuzigungsgruppe. Zu Anfang des 18. Jhs. entstand der südliche Seitenaltar mit der Statuengruppe Madonna mit Kind, hl. Dominikus und hl. Katharina von Siena. Zum Bestand der Kirche zählen zudem zwei gotische Apostelfiguren und ein spätbarockes Fastentuch mit einer sehr qualitätvollen Pietà-Darstellung.

Diex/Djekše (Pfarrkirche hl. Martin)

Die Kirche wurde urkundlich 1328 erstmals genannt und war bis zu ihrer Pfarrernennung 1379 St. Margarethen ob Töllerberg unterstellt. Der Kirchenbau des 14. Jhs. basierte auf einem romanischen Kern des 13. Jhs. und erfuhr im 15. Jh. einen weiteren Ausbau; unter anderem kam es zur Errichtung eines spätgotischen Chores. In der Zeit der Türkenbedrohung wurde auch die massive Wehranlage mit Wehrgang und mächtigen Eckürmen errichtet. Darin befindet sich heute dicht gedrängt der Kirchenbau aus der Mitte des 17. Jhs. (Doppelturmanlage mit hohen Pyramidenhelmen). Im Inneren der Kirche führt das breite tonnengewölbte Langhaus unvermittelt zum Hochaltar des 18. Jhs. hin, bei dem die zentrale leicht überhöhte Nische mit der Statue des hl. Martin in Bischofsornat und in bewegt verdrehter Pose von je zwei raumgreifend versetzten

Pfarramt Diex
9103 Diex 96
Tel.: 04231/8132
http://members.aon.at/dekanat
voelkermarkt
e-mail: pfarre-diex@aon.at

Säulen umstanden wird. In deren Zwischenräumen stehen die Statuen des hl. Paulus und des hl. Matthias, über dem Opfergangsportal die Schreinwächter Georg und Florian. Der Aufsatz enthält innerhalb eines Bogenrahmes die etwas ältere Reliefwiedergabe des Letzten Abendmahles, außen von adorierenden Engelsgestalten umgeben. Äußerst bemerkenswert ist die eigenwillige und selten anzutreffende Gestaltung eines barocken Kreuzaltares in der östlichen Seitenkapelle. Bei diesem steht über einer Allerseelenpredella in der Mittelachse die sinnbildliche Gestalt des Glaubens, überragt von der Heiliggeisttaube und der bekrönenden Gottvaterfigur, zu ihrer Rechten ein Kruzifixus, zu ihrer Linken der Baum der Erkenntnis mit einem Apfel, der von einer Frau mit Kind, wahrscheinlich Eva, gepflückt wird, während ein kniende Engelsgestalt auf das Kreuz verweist. Zum weiteren beachtenswerten Barockbestand der Kirche zählen zwei Rokokoaltäre und die schlicht gestaltete Kanzel aus der Mitte des 18. Jhs.

Eberndorf/Dobrla vas (Mariä Himmelfahrt)

Die Gründung geht eigentlich auf eine Schenkung des Graf Chacelin (gest. 1016) zurück. Zur Errichtung des Stiftes kam es jedoch erst in den Jahren 1149–1154. Die um die Mitte des 15. Jhs. errichtete Wehranlage konnte den Türken nicht standhalten. Daher erfolgten Ende des 15. Jhs. Instandsetzung und Ausbau des Stiftes (1604 an die Jesuiten übergeben, 1773 Aufhebung, 1809 Übergabe an die Benediktiner von St. Paul). Ein besonderes Charakteristikum der Kirche ist der kampanileartig isoliert stehende gotische Turm mit Walmdach. Während das Langhaus mit dem südlichen Kapellenanbau über ein barockes Aussehen verfügt, zeigt der von Strebepfeilern gestützte Chor noch gotische Charakteristik. Das Innere beeindruckt durch die überwältigende Breite und Größe des Schiffes (Gewölbe mit kunstvollen Schlingrippenformationen, weit in den Raum stehende

Pfarramt Eberndorf
Bleiburger Straße 11
9141 Eberndorf
Tel.: 04236/2283
Fax: 04236/2283-4

K Südkärntner Sommerspiele
Tel.: 04236/2221
www.eberndorf-info.at

Wandpfeiler). Unter dem durch zahlreiche Stufen erhöhten Chor samt Vorchor befindet sich die zweitgrößte (nach Gurk) dreischiffige Krypta (um 1390) Kärntens. Als bedeutendes Dokument gotischer Grabmalkunst sei die in der Ungnadkapelle aufgestellte noch voll erhaltene Tumba genannt, an deren Deckplatte Christoph Ungnad (gest. 1481) in repräsentativer Ritterrüstung verewigt ist. Den Höhepunkt der barocken Ausstattung bildet der Hochaltar von ca. 1770. Dessen raumgreifende Säulenstellung umgibt die Mittelnische, in die die spätgotische Madonnenstatue mit Kind um 1470 gestellt ist, außerhalb der Nische von vier graziös posierenden barocken Heiligenstatuen begleitet, im Aufsatz überragt von der Gottvatergestalt. Rokokohafte Charakteristik kennzeichnet die ausschließlich mit Bildern ausgestatteten Seitenaltäre (um 1780) und die schlicht gestaltete Kanzel (Benedikt Pläß). Gotische (Anna Selbdritt, Verkündigung) und barocke Skulpturen beherbergt die Franz-Xaver-Kapelle im Südosten des Langhauses.

Pfarramt Feistritz/Drau • Fliederweg 12 • 9710 Feistritz
Tel.: 04245/2356 • Fax: 04245/2356-34

Feistritz an der Drau (Pfarrkirche hl. Georg)

Die Kirche zum hl. Georg scheint bereits im Jahr 1169 als Pfarrkirche auf. 1394 wird den Grafen von Ortenburg durch den Patriarchen von Aquileia das Patronatsrecht an der Pfarrkirche bestätigt. Der mächtige Westturm (15. Jh.) erfährt im 18. Jh. an Fassade und Helm eine barocke Umgestaltung. Noch älter als der Turm und möglicherweise in das 12. Jh. zurückreichend ist das Langhaus, das ebenfalls in der Barockzeit umgestaltet und gefärbelt wurde. Eindeutig der Spätgotik zuordenbar ist der von Strebepfeilern abgestützte und mit Spitzbogenfenstern ausgestattete Chor. An der Choraußenwand hat sich der obere Teil eines Freskos mit der Wiedergabe des Jüngsten Gerichtes aus der 2. Hälfte des 15. Jhs. erhalten, an der nördlichen Langhauswand ein Steinepitaph in Ritzzeichnung (1576). Nach Betreten des Innenraumes sieht man das äußerst kunstvoll ausgeführte spätgotische Schlingrippengewölbe des Bartlmä Firtaler aus Innichen (1521). Zu einem früheren Zeitpunkt, wohl in der 2. Hälfte des 15. Jhs., kam es zur Einwölbung des Chores mit einem Netzrippengewölbe (im 18. Jh. mit Wolkenhimmel und dem hl. Georg bemalt). Der 1782 von Oswald Gredischnig geschaffene Hochaltar zeigt die Gestalt des hl. Georg im Kampf mit dem Drachen, außen von den beiden Apostelfürsten Petrus und Paulus begleitet (Friedrich Malsiner). Eine etwas schlichtere Ausstattung kennzeichnet die beiden Altäre des 18. Jhs. und die 1681 geschaffenen Seitenaltäre, die von der aufgelassenen Kirche in Feffernitz hierher übertragen wurden. Als Besonderheit sei noch die an der nördlichen Chorwand in kunstvoller Schmiedearbeit geschaffene Türchenanlage für ein in die Wand vertieftes Reliquiar hervorgehoben.

Feistritz an der Drau
(Unsere Liebe Frau am Bichl)

Die Filialkirche Maria am Bichl dürfte etwa um die Mitte des 14. Jhs. entstanden sein. Die erste urkundliche Erwähnung geht in das Jahr 1423 zurück. Sie präsentiert sich als gotischer Bau mit leicht eingezogenem im 19. Jh. erneuerten und von Strebepfeilern gestützten Chor sowie einem ebenfalls im 19. Jh. der Westfassade vorgesetzten Turm. Ihre Bekanntheit verdankt sie den an den Chorwänden und im Chorschluss flächendeckend angebrachten Wandmalereien aus der Zeit der ersten Nennung um 1420. An der Nordseite werden von Westen nach Osten fortschreitend nach der einleitenden Nischengestalt einer Ährenmadonna die Szenen der Geburt, der Darbringung im Tempel, des Dreikönigszugs und drei Szenen aus dem Marienleben geschildert, die Südseite enthält in etwas bewegterer Bildsprache Passionsszenen. Evangelisten-

Pfarramt Feistritz/Drau
Fliederweg 12
9710 Feistritz/Drau
Tel.: 04245/2356
Fax: 04245/2356-34

symbole und Rankenmalerei zieren die Gewölbeflächen, sogar die Fensterleibungen des Chorschlusses werden zur figuralen Ausgestaltung (Christusbüste, Apostelfiguren) genutzt. Neben diesen äußerst interessanten Wandmalereizyklen der Gotik ist die prachtvolle barocke Altarausstattung beachtenswert, so etwa der im 1. Drittel des 18. Jhs. entstandene Marienhochaltar, in dessen Mitte unter einem Baldachin die spätgotische Gnadenstatue der Madonna mit Kind steht. Dieser Altar ist bereits im Mittelteil ohne Abdeckung zum Hintergrund geöffnet und verfügt über einen Aufbau, der sich weitestgehend auf die beiden freistehenden Säulen und die kunstvoll geschnitzten Schleierbretter reduziert. Aber auch die prachtvollen Seitenaltäre mit den Hauptbildern (links die Heiligen Drei Könige, rechts die Heilige Familie) verdienen besondere Beachtung.

Friesach (Dominikanerkirche hl. Nikolaus)

Im Jahre 1217 wurde in Friesach – allerdings an anderer Stelle – das älteste Dominikanerkloster des deutschen Sprachraumes gegründet. Der Bau dieser frühgotischen Kirche, die mit ihren 74 m Länge die größte Kirche Kärntens darstellt, wurde um die Mitte des 13. Jhs. begonnen und ca. 1300 vollendet. Das Innere beeindruckt durch strenge Monumentalität. Pfeilerarkaden mit zugespitzten Bögen trennen im Langhaus das Mittelschiff von den beiden Seitenschiffen. An das Mittelschiff schließt als architektonischer Höhepunkt in gleicher Breite der langgestreckte kreuzrippengewölbte Chor an. Der kapellenartige Sakristeianbau erfolgte 1320, die Einwölbung des Langhauses mit Kreuzgratgewölben erst zu Beginn des 17. Jhs. Die heutige Ausmalung mit Quadermotiv und Friesbändern sowie eine teilweise Neuausstattung etwa mit dem neugotischen

Dominikanerorden
Stadtgrabengasse 5
9360 Friesach
Tel.: 04268/2129 und 3801

K **Friesacher Burghofspiele**
Tel.: 04268/4300
www.friesach.at

Hochaltar erfolgte von 1884–1895 nach einem Brand. Dennoch haben sich aus der früheren Zeit bedeutende Objekte erhalten: Die expressive Schnitzarbeit eines monumentalen Gabelkruzifixus (2. V. 14. Jh.) am nördlichen Langhauspfeiler oder die bedeutende Friesacher Madonna mit Kind (Sandstein) um 1340 am südlichen Triumphbogenpfeiler. Das dritte bedeutende Objekt der Gotik, der Johannesaltar, stammt aus der 1828 abgebrochenen Johanneskirche. In der »Älteren St. Veiter Werkstatt« entstanden, fällt die gebrochene Kielbogenform des Schreines ins Auge. Dieser enthält die tänzerisch posierenden Statuen des Christus als Schmerzensmann, des hl. Florian und des hl. Georg, an den Flügeln die Reliefwiedergaben von Szenen aus der Johanneslegende und von weiblichen Heiligen, in der Predella die des Marientodes. Beachtenswert ist zudem der rotmarmorne Grabstein von 1516, der den Vizedom zu Friesach, Christoph Thanhäuser, in voller Rüstung wiedergibt.

Friesach (hl. Bartholomäus)

Der Bau der Pfarrkirche reicht in das 12. Jh. (1130–1167) zurück, hat allerdings nach mehreren Bränden im Laufe der Geschichte eingreifende Veränderungen erfahren, am umfassendsten gegen Ende des 19. Jhs., als man die massive neuromanische Doppelturmfassade errichtete. Das Innere zeigt sich als basilikal gestaffelter dreischiffiger Raum, bei dem Pfeilerarkaden das Hochschiff tragen. Somit erkennt man noch deutlich die romanische Struktur. Der langgestreckte Chor mit frühgotischer Kreuzrippenwölbung wurde 1326–1333 durch Propst Gerold, den späteren Bischof von Gurk, errichtet. Die Einwölbung mit Netzrippen im Mittelschiff war um 1441, jene der Seitenschiffe in der 2. Hälfte des 17. Jhs. erfolgt. Ebenfalls im 17. Jh. wurden über den Seitenschiffen Emporen, deren Öffnungen 1896 neuromanisch verändert wurden, eingebaut. Von größter Bedeutung ist der Bestand an mittelalterlichen Glas-

15 Pfarramt Friesach
Wiener Straße 6
9360 Friesach
Tel.: 04268/2272
Fax: 04268/2272-4
e-mail: stadtpfarre.friesach@aon.at

K Friesacher Burghofspiele
Tel.: 04268/4300
www.friesach.at

malereien. Spätromanische Glasmalereien (um 1270/80, 1838 aus der Dominikanerkirche hierher übertragen) finden sich im nordseitigen Chorschlussfenster. Es sind dies zehn Scheiben mit der Darstellung der klugen und törichten Jungfrauen im Zackenstil. Gotische Glasmalereien (1325–1338) sind im südlichen Chorschlussfenster, nämlich zwölf Scheiben mit der Wiedergabe von Szenen aus dem Leben Christi. In strenger Monumentalität und Geschlossenheit erhebt sich im Chorschluss der schwarz-golden gefasste Hochaltar von 1678 mit dem Hauptbild Mariä Himmelfahrt, im Aufsatzbild das Martyrium des hl. Bartholomäus. Die spätbarocke Kanzel stammt von 1775. Von den bedeutenden überwiegend im Relief gestalteten Grabsteinen seien der des Bischofs Gerold von Friesach von 1333 und der prunkvolle rotmarmorne Grabstein von 1553 des Propstes Georg Vischl gesondert erwähnt. Seit dem Jahr 2000 ertönt in der Kirche eine der bedeutendsten neuen Orgeln Kärntens.

Friesach (hl. Peter)

Die Filialkirche St. Peter ist weithin sichtbar am Scheitel des Petersberges gelegen und in den Burgkomplex eingebunden. Sie war entgegen ihrem bescheidenen Aufbau (überwiegend aus dem 13. Jh.) aus Langhaus und Chorquadrat mit kleinem Dachreiter bis zur josefinischen Pfarrregulierung Ende des 18. Jhs. eine Pfarrkirche. Auch das Innere überrascht durch große Bescheidenheit. Die Flachdecke des Langhauses wurde auch zur Zeit des Barock nur durch schlichte Stuckrahmen untergliedert. Ein kräftiger Triumphbogen leitet zum Chorquadrat mit tiefer chorartiger Apsis über. In diese ist der aus dem 17. Jh. stammende schwarzgoldene Hauptaltar von ca. 1670 eingestellt, der im Hauptbild die Darstellung der Reue Petri bzw. des reumütig knienden Petrus mit dem Attribut des Hahns enthält. Von den ungefähr zeitgleich mit dem Hochaltar entstandenen Seitenaltären verdient vor allem

Pfarramt Friesach
Wiener Straße 6
9360 Friesach
Tel.: 04268/2272
Fax: 04268/2272-4
e-mail: stadtpfarre.friesach@aon.at

Friesacher Burghofspiele
Tel.: 04268/4300
www.friesach.at

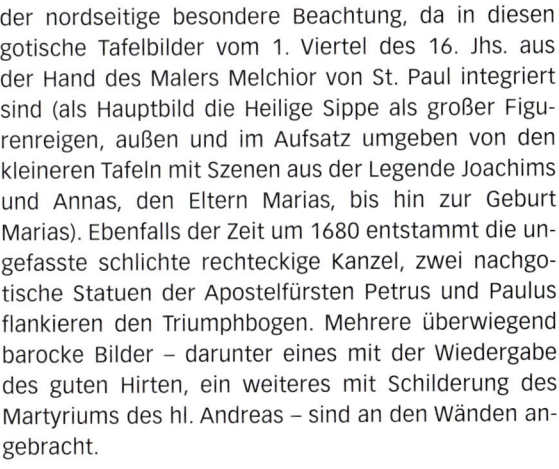

der nordseitige besondere Beachtung, da in diesen gotische Tafelbilder vom 1. Viertel des 16. Jhs. aus der Hand des Malers Melchior von St. Paul integriert sind (als Hauptbild die Heilige Sippe als großer Figurenreigen, außen und im Aufsatz umgeben von den kleineren Tafeln mit Szenen aus der Legende Joachims und Annas, den Eltern Marias, bis hin zur Geburt Marias). Ebenfalls der Zeit um 1680 entstammt die ungefasste schlichte rechteckige Kanzel, zwei nachgotische Statuen der Apostelfürsten Petrus und Paulus flankieren den Triumphbogen. Mehrere überwiegend barocke Bilder – darunter eines mit der Wiedergabe des guten Hirten, ein weiteres mit Schilderung des Martyriums des hl. Andreas – sind an den Wänden angebracht.

Gerlamoos
(Filialkirche hl. Georg)

Die unscheinbare kleine Kirche über dem Ort mit schlichtem Langhaus, eingezogenem gotischen Chor und westseitig aufgesetztem Dachreiter entspricht dem Typus einer Filialkirche. Ein kleines Rundbogenfenster über dem Südeingang deutet auf den romanischen Ursprung der Kirche hin. Drei Freskenbilder neben dem Südeingang (zwei weibliche Heilige, Kreuzigung und Georg im Kampf mit dem Drachen) sowie eine monumentale Christophorusdarstellung gehören der Gotik (Anfang des 15. Jhs.) an. Die im Zusammenhang mit einer jüngst (1999) erfolgten Außenrestaurierung erneuerte Eckquaderbemalung ist barock. Ihre überragende Bedeutung verdankt die Kirche jedoch dem im Innern befindlichen Bilderzyklus aus der Hand des »Thomas von Villach«. Diese ca. 1470–1480 entstandene Bilderfolge erstreckt sich in

Pfarramt Steinfeld
Kirchplatz 1
9754 Steinfeld
Tel. und Fax: 04717/248

drei Streifen über die gesamte Nordwand des Langhauses. Im obersten Bildstreifen werden dabei, angeführt durch die Szene des Drachenkampfes, weitere legendenhafte Szenen aus dem Leben und dem Martyrium des Heiligen in teilweise drastischer Weise geschildert, unterstützt von einer kräftigen, aber fein modellierenden Farbgebung. Im zweiten Streifen schließen an die Szenen des Marienlebens (Verkündigung, Geburt Christi, Königsanbetung) und an das Bild der Schutzmantelmadonna die Darstellungen der Passionsszenen an, die auch den untersten Bilderstreifen bestimmen. Der barocke Hochaltar mit der Blau-Weiß-Marmorierung zeigt im Hauptbild den Drachenkampf des hl. Georg. Als Besonderheit gilt die plastische Wiedergabe der gekreuzigten heiligen Kümmernis (nach Art der Christkönigsdarstellungen) mit dem Geiger, dem der goldene Schuh zufällt. Zum weiteren Statuenbestand zählen u. a. eine barocke Pietà-Statuette und eine barocke Rosenkranzmadonna.

Gmünd (Stadtpfarrkirche Mariä Himmelfahrt)

Vom Vorgängerbau ist ein Weihedatum mit 1339 erhalten. Vermutlich erfolgte damals die Erhebung zur Pfarrkirche. Die heutige Pfarrkirche verfügt über ein breites Langhaus mit nordseitig angestelltem und im 19. Jh. verändertem Turm. Es mündet in den bereits im 14. Jh. errichteten Chor, daran schließt die erst 1643 durch die Gräfin Sidonie Raitenau für den verstorbenen Gatten Rudolf Raitenau (ehemaliger Inhaber der Herrschaft Gmünd) errichtete abgerundete Grabkapelle an. Südwestlich des Langhauses ist die Rosenhaimer Kapelle (mit reicher Ausstattung) angebaut. 1998/99 wurden an der Westfassade ein Kreuzigungsfresko (14. Jh.) und Figurenreste aus dem 15. Jh. entdeckt, zudem ein Freskenstreifen an der südlichen Chorwand. Im Inneren besticht das Langhaus mit seiner dreischiffigen Halle und dem 1499 errichteten

Pfarramt Gmünd
Kirchgasse 36
9853 Gmünd
Tel.: 04732/2289
Fax: 04732/2289-4

Gewölbe (im Langhaus Netzrippen, im Chor Kreuzrippen). Der mit 1730 datierte Hochaltar zeigt die Statuen der Apostelfürsten Petrus und Paulus und in der Mitte das Bild mit der sehr bewegten Darstellung der Himmelfahrt Mariä (vom Barockmaler Jakob Zanussi aus Südtirol).

Besonders prunkvoll ausgeführt zeigt sich der rechte Seitenaltar mit der äußerst originellen Wiedergabe der auf Wolken über der Brücke der Moldau schwebenden Nepomukbüste. Die Kanzel stammt von 1779, verfügt über zarte Rokoko-Ornamentik und besitzt als Deckelfigur eine Paulusstatue in Predigtgestus.

Der Rundkarner im Nordosten der Kirche entstand vermutlich im 13. Jh. und besticht durch seine qualitätvolle frühgotische Ausmalung (um 1370) des Obergeschosses. Christus Pantokrator ist schwerpunkthaft in die Mitte gesetzt.

Pfarramt Grades • 9362 Grades 15
Tel. und Fax: 04267/258

Grades (hl. Wolfgang)

Die Filial- und Wallfahrtskirche St. Wolfgang ist hoch über der Ortschaft Grades gelegen und wird von einer der mächtigsten und effizientesten Wehranlagen umgeben. Die Kirche selbst präsentiert sich als einheitlich zwischen 1453 und 1474 errichteter gotischer Bau mit hochgestrecktem Langhaus und niedrigerem eingezogenen Chor sowie dem 5-geschossigen Westturm mit schlichtem Pyramidenhelm aus dem 20. Jh. Die kunstvoll untergliederten Strebepfeiler und das umlaufende gemalte Maßwerkfries betonen die Einheitlichkeit des Baues. Besondere künstlerische Akzente bilden das Tympanonrelief mit der Darstellung des Schmerzensmannes am Nordportal und das reich profilierte Westportal mit Kielbogenabschluss. Das Innere der Kirche überrascht durch die von den hohen Maßwerkfenstern ausgehende Helligkeit und lässt bedeutende bildhauerische Detailarbeiten, die Gewölbe sowie fantasievoll gemalte Blatt- und Blütenranken erstrahlen. Blickfang der Kirche ist jedoch der über 10 m hohe prachtvolle gotische Flügelaltar mit der thronenden Gestalt des Kirchenpatrons im Bischofsornat, begleitet von den hll. Stefanus und Laurentius im Schrein. Diese sind zu einem früheren Zeitpunkt (um 1480) entstanden als die Schreinreliefs mit den malerisch weich modellierenden Wiedergaben der vier Szenen aus dem Marienleben. Sie sind wie die Gesprengefiguren des Schmerzensmannes, der hll. Sebastian, Jakobus und Barbara der »Jüngeren Villacher Werkstatt« zuzuschreiben und ungefähr gleichzeitig mit den gemalten Szenen der Wolfganglegende an der Rückseite der Flügel um 1520 entstanden. Zum gotischen Bestand der Kirche zählt noch die in blockhafter Form ausgeführte Steinkanzel (um 1478). Die barocken Seitenaltäre stammen aus den Jahren 1742 und 1751 (jeweils mit Bildern von J. F. Fromiller). Die über dem Südportal angebrachte Kreuzigungsgruppe ist mit 1685 datiert.

Pfarramt Stift Griffen • 9112 Griffen • Tel.: 04233/2345
http://members.aon.at/dekanatvoelkermarkt

K Peter-Handke-Ausstellung, c/o Erwachsenenbildung
Kärnten • Tel.: 0463/51 35 46-26

Griffen/Grebinj (ehem. Prämonstratenser-Stift)

Durch Bischof Ekbert von Bamberg wird 1235 bei der Kirche in Oberndorf (Alte Pfarrkirche) ein Prämonstratenser-Stift errichtet und mit Mönchen aus der Diözese Würzburg besetzt. Sehr bald erwies sich diese erste Stiftsanlage als zu klein, sodass man 1269 mit dem Bau eines neuen Stiftes mit Kirche begann. Diesen hatte man bis 1272 so weit vorangetrieben, dass die neue Kirche eingeweiht werden konnte.

Maßgeblich für das heutige Aussehen war die Errichtung einer massiven Wehranlage, die ursprünglich nicht nur die Alte Pfarrkirche mit dem Friedhof in Rechteckform umfasste, sondern auch die Stiftskirche und das Stiftsgebäude. Die bedeutendsten Reste dieser gegen die Türkenbedrohung in der 2. Hälfte des 15. Jhs. errichteten Wehranlage mit überdachtem Wehrgang sowie einem Wehrturm haben sich im Südwesten des Kirchhofes erhalten. In der Barockzeit wird der Stiftstrakt mit Kreuzgang, teilweise bedingt durch die Brände von 1648 und 1750, vergrößert und ausgebaut, der Kirchhoftrakt hinzugefügt und die gesamte Anlage mit den Fensterverdachungen aus Terrakottenappliken (Anfang 18. Jh.), über den Portalen mit Terrakottenstatuen (Guter Hirte mit Engel, hl. Norbert und sinnbildliche Gestalten), ausgestattet. Der zweigeschossige streng komponierte Kreuzgang enthält ein romanisches Dreikönigsrelief aus rotem Sandstein (Kopie, Original aus dem 13. Jh. deponiert), dessen zweiter Teil, Maria mit Kind darstellend, sich in Schloss Thalenstein befindet. Das florierende Stift wurde im Jahr 1786 aufgehoben, ging in den Besitz der Grafen Egger über und ist heute zu einem Teil Privatbesitz, zum anderen Besitz der Pfarre. Dort sind seit 1997 etliche Räume als Peter-Handke-Museum eingerichtet.

㉑ Pfarramt Stift Griffen • 9112 Griffen • Tel.: 04233/2345
http://members.aon.at/dekanatvoelkermarkt

**K Peter-Handke-Ausstellung, c/o Erwachsenenbildung
Kärnten • Tel.: 0463/51 35 46-26**

Griffen/Grebinj (Mariä Himmelfahrt in Haslach)

Wenn man sich der Pfarr- und ehemaligen Stiftskirche von der Westseite bzw. der Eingangsseite her nähert, erweckt sie den Eindruck einer barocken Kirche. Dies ist ausschließlich auf die buntfarbig gestaltete Blendfassade (1992 restauriert) zurückzuführen. Sie wird von Kolossalpilastern untergliedert, von einem geschweiften Giebel abgeschlossen und enthält ein reichhaltiges Figurenprogramm wie über dem Hauptportal die buntfarbig gefasste Statue der Madonna della Vittoria und in der Achse darüber, umfangen von einem fein gearbeiteten Stuckvorhang, den hl. Norbert als Begründer und Patron der Prämonstratenser. Auch die Rückseite des Hauptchores verfügt über eine farbig gestaltete Baldachindraperie mit einer weiteren Madonnenstatue in der zentralen Nische. Die Südseite der Kirche hingegen zeigt deutlich die romanische Staffelung der Schiffe. Diese Staffelung kennzeichnet auch den Innenraum der romanischen Pfeilerbasilika, die im 17. Jh. im Mittelschiff eine schlichte Kreuzgratwölbung erhielt. Umso mehr hebt sich der Hauptchor mit der farbigen Architekturbemalung und den Grisaillemalereien (Szenen aus der Norbertlegende) als Umrahmung des prächtigen Hochaltares ab. Dessen hochgestreckter Aufbau ist von differenzierter räumlicher Abstufung der Säulen und Pilaster sowie den zartfarbigen Stuckmarmorierungen gekennzeichnet und enthält in der Mittelnische eine hochgestreckte gotische Madonnenstatue (1. Viertel 16. Jh.), die an den Außenseiten von den hll. Augustinus und Norbert umgeben wird. Die schlicht gewölbten Seitenschiffe (mit Kreuzaltar und Ursulaaltar) verfügen ebenfalls über eine kunstvolle Stuckausstattung. Die Kanzel stammt aus dem 1. Drittel des 18. Jhs. und zeigt am Kanzelkorb in bewegter Pose agierende Kirchenvätergestalten. Zwei weitere Seitenaltäre – einer davon mit interessantem Allerheiligenbild und der zweite mit der Wiedergabe der Heiligen Familie mit Johannesknaben – sowie zahlreiche Barockbilder ergänzen das reiche Ausstattungsprogramm.

Griffen/Grebinj (Unsere Liebe Frau in Oberndorf)

Der Bau der sogenannten »Alten Pfarrkirche« ist in die Mitte des Kirchhofes gestellt und präsentiert sich mit mächtigem romanisch-gotischen Chorturm; an der Südseite und am gotischen Chor von Strebepfeilern, an der Nordseite durch den Seitenschiffzubau abgestützt. Eindeutige Hinweise auf den romanischen Ursprung (1. Hälfte 13. Jh.) der Kirche liefert das schlichte Rundbogenportal aus rotem Sandstein an der Westfassade. Der Innenraum ist zunächst vom Langhaushauptschiff (Sternrippengewölbe von ca. 1537) bestimmt. Erst das Chorquadrat mit dem Triumphbogen dokumentiert die Entstehungszeit um 1235. Dies gilt in besonderer Weise für die gurtartig hervorgehobene Triumphbogenleibung mit dem gemalten Bilderstreifen. Er enthält in den streng stilisierten Formen der Romanik (1. H. des 13. Jhs.) folgende Darstellungen: Über

22 Pfarramt Stift Griffen
9112 Griffen
Tel.: 04233/2345
http://members.aon.at/dekanat
voelkermarkt

K **Peter-Handke-Ausstellung**
c/o Erwachsenenbildung Kärnten
Tel.: 0463/51 35 46-26

dem Kämpfer den Gekreuzigten mit Maria und Johannes und die Frauen am Grabe, unterhalb des Kämpfers jeweils in eine Säulenbogenform eingebunden Kaiser Heinrich II. und Kunigunde sowie die hll. Nikolaus und Georg. An der südlichen Vorderseite des Triumphbogens hat sich ein spätgotisches (2. Hälfte 15. Jh.) Freskobild mit der Wiedergabe der Schutzmantelmadonna mit Kind erhalten. Aus der Spätgotik (1. Viertel 16. Jh.) stammen die über die Wände des Chores verteilten Reliefdarstellungen eines ehemaligen gotischen Flügelaltars: Vier kleinere Passionsszenen, eine monumentale Kreuzigungsdarstellung (ehemals im Schrein) und schließlich die Szene der Beweinung (mit ekstatisch bewegten Figuren). Von etwas bescheidenerer Qualität ist der aus dem 17. Jh. stammende, 1843 überfasste Hochaltar mit einer Madonnenstatue in der Mittelnische und der Skulptur des hl. Norbert in der Aufsatznische. Die Kanzel mit den Bildern der vier Evangelisten entstand im 1. Viertel des 18. Jhs.

Gurk (Mariä Himmelfahrt)

Die heutige Pfarr- und Wallfahrtskirche sowie ehemalige (1788) Domkirche Mariä Himmelfahrt ist seit 1932 zudem Stiftskirche des Salvatorianerordens. Der Bau wurde am Ausgangspunkt und Gründungsort der Diözese, durchaus im Wettstreit mit dem damaligen Salzburger Dom, als monumentale dreischiffige Basilika mit massiver Doppelturmfassade im Westen und einem mächtigen Querhaus mit drei Apsiden im Osten errichtet. Begonnen durch Bischof Roman (1131–1167), nach einer längeren, durch kriegerische Auseinandersetzungen verursachten Unterbrechung fortgeführt und um 1200 in seinem architektonischen Aufbau vollendet. Allerdings war ein erster Bauabschnitt bis 1174 so weit gediehen, dass man Gebeine der bereits damals im höchsten Ausmaß verehrten hl. Hemma in die bis dahin fertiggestellte »100-säulige« Krypta übertragen konnte. Der von mittelalterlichen Kopfplastiken getragene Sarkophag wurde im 18. Jh. versetzt

23 Pfarramt Gurk (Salvatorianerkolleg)
Domplatz 11
9342 Gurk
Tel.: 04266/8236-0
Fax: 04266/8236-16
www.dom-zu-gurk.at
e-mail: dom.zu.gurk@happynet.at
oder dom.info@dom-zu-gurk.at

K Domführungen
Tel.: 04266/8236-12 oder 22

K Musikalischer Spätsommer Gurk
Tel.: 04266/8236-14

und barock ummantelt. Dieser Zeit gehören auch das Südportal mit dem Tympanonrelief des segnenden Christus und die Figuralplastik an der Mittelapsis des Querhauses an. Das Äußere der Kirche hat mit leichten Veränderungen – die Türme erhielten im 17. Jh. die »welschen Helme« – weitestgehend sein authentisches Aussehen bewahrt. Heute betritt man die Kirche durch eine gegen Ende des 20. Jhs. geschaffene Metalltür (1988 Thomas Hocke) und gelangt zunächst in die Vorhalle, die erst im 14. Jh. an der Westseite geschlossen und mit Glasmalereien ausgestattet wurde sowie zudem an der Nord- und Südwand eine äußerst qualitätvolle Freskenausstattung (um 1340) mit einer Szenenfolge aus dem Alten und Neuen Testament erhielt. Den Höhepunkt dieses Vorraumes bildet jedoch das siebenfach abgestufte, ehemals farbig gefasste, vor 1200 geschaffene Gewändeportal, das reich mit Ornamentbändern ausgestattet ist und die kostbar mit figuralen Reliefs (Anfang 13. Jh.) ausgestatteten Holztüren umrahmt. Diese geben innerhalb von

Medaillonranken in äußerst reduzierter Form alt- und neutestamentarische Szenen in typologischer Gegenüberstellung wieder. Über der Vorhalle, zwischen den Türmen, befindet sich die Bischofskapelle mit einem der bedeutendsten Wandmalereizyklen der Spätromanik, der in der Nachfolge eines durch Brand geschädigten Freskenzyklus (ca. 1214/1260) im spätromanischen Zackenstil geschaffen wurde und folgende Darstellungen aufweist: Im Ostteil Maria am Thron Salomonis umgeben von Tugendgestalten, an der Decke Paradiesesszenen, im Westteil Einzug in Jerusalem, Anbetung der Könige, Verklärung Christi und eine Rundscheibe mit der Darstellung der Kreuzabnahme, an der Decke das himmlische Jerusalem und Propheten.

Im monumentalen und basilikal abgestuften Innenraum wird das Mittelschiff von mächtigen Pfeilern getragen und von einem gotisierenden erst 1591 geschaffenen Netzrippengewölbe abgeschlossen. Deutlich abgestuft erhebt sich über der Krypta der großräumige um 1500 mit Sternrippengewölbe versehene Chor. Die niedrigeren Seitenschiffe erhielten ihre Rippengewölbe um 1525, das Querhaus bereits um 1446.

Die Ausstattung wird vom Barock bestimmt. Beherrschend ist dabei der die volle Höhe des Chorschlusses einnehmende vielfigurige (72 Statuen) Hochaltar (1625–1632) in Goldfassung. Michael Hönel aus Sachsen hat dabei in gegenreformatorischer Programmatik – auf drei Geschosse aufgeteilt – Evangelisten, Kirchenväter, Kaiserpaar und schließlich Heiligenfiguren angeordnet, jedoch dominierend und alle Geschosse durchtrennend die über der Apostelschar hin zur Dreifaltigkeit emporschwebende Madonna eingefügt. Stilistisch schließen sich daran die bescheidener ausgeführten Seitenaltäre mit den Bildern der Kreuzigung Petri und der Stephanusmarter an sowie auch das im 17. Jh. geschaffene Chorgestühl, die Chororgeln und die bereits dem 18. Jh. angehörenden Pfeileraltäre. Eine überragende Sonderstellung kommt dem vor die Kryptaabstufung gesetzten Kreuzaltar bzw. der meisterhaft komponierten Engelpietà (1740) aus Bleiguss, die 1740 durch den bedeutenden Barockbildhauer R. Donner geschaffen wurde, zu (Tabernakel von Balthasar Moll). Einen weiteren Höhepunkt bildet die an den zweiten südlichen Mittelschiffspfeiler gesetzte Kanzel (1740/41), für die R. Donner die alt- und neutestamentarischen Reliefszenen am Korb beisteuerte. Darüber hinaus findet man im Dom Wandmalereien aus unterschiedlichen Epochen: Aus der Romanik das monumentale Christophorusbild (Ende 13. Jh.), aus der Gotik die um 1390 geschaffenen Darstellungen des Paulussturzes und Christus als Weltenrichter mit den 24 Ältesten der Apokalypse, aus der späten Renaissance (um 1560) die Anbetung der Könige und die Auferstehung Christi des Spittaler Malers Wenzel Aichler.

Als plastische Dokumente der Gotik haben sich zudem die sechs an den Wänden der Oberkirche angebrachten Reliefs (Anfang 16. Jh.) erhalten, die Szenen aus der Hemmalegende schildern, zudem die Statuen des Christus Salvator und einer Madonna von ca. 1500. Nur zur Fastenzeit wird vor den Hochaltar das österreichweit größte (ca. 80 m^2) und wohl auch bedeutendste Fastentuch (1458 Conrad von Friesach, 99 Bildfelder, 50 Altes und 49 Neues Testament) gehängt.

Haimburg (Unsere Liebe Frau)

Die Pfarrkirche von Haimburg war bereits im 13. Jh., bevor sie dem Stift Griffen unterstellt wurde, eine hochdotierte Pfarrkirche und erlangte im 17. Jh. ihre Selbstständigkeit wieder. Sie präsentiert sich von außen als überwiegend gotischer, von Strebepfeilern gestützter Bau mit niedrigerem Langhaus, deutlich überhöhtem Chor und einem mächtigen Westturm (nach einem Erdbeben 1767 wieder errichtet). Das Innere wird vom netzrippengewölbten Langhaussaal (um 1541) und dem sternrippengewölbten Chor bestimmt, wobei dieser reich mit qualitätvollen gotischen Deckenmalereien (1473) ausgestattet ist. Sie geben in zarter Zeichnung und feiner Farbabstimmung Blatt- und Blütenranken, die Kirchenväter, die Evangelistensymbole, Christus und Maria sowie eine große Anzahl musizierender Engel wieder. Zum gotischen Bestand der Kirche zählt das an der Nordseite des Chores aufgestellte steinerne Sakra-

Pfarramt Haimburg
9111 Haimburg 31
Tel.: 04232/7197 oder 2946
http://members.aon.at/dekanat
voelkermarkt
e-mail: pfarre.struprecht@utanet.at

mentshäuschen mit kunstvollem, turmartig sich zuspitzenden Abschluss. Die überwiegend barocke Ausstattung der Kirche wird vom schwarzgoldenen Hochaltar (um 1673) beherrscht. Er umschließt im Mittelteil das große, wahrscheinlich von J. Ferdinand Steiner gemalte Bild des Marientodes, das die sterbende Maria, umringt von den ihr sich zuwendenden Aposteln, darstellt. In die zwischen goldgefasste Säulen gesetzten Nischen der Außenachsen sind die Statuen der hll. Katharina und Barbara gestellt, in die Aufsatznische die des hl. Norbert. Von den drei weiteren Barockaltären entstanden zwei um 1747 und einer, der Marienaltar, im 1. Drittel des 18. Jhs.; die neugotische Kanzel ist ein Werk aus der Mitte des 19. Jhs. Das Renaissanceepitaph mit dem Bild des Auferstandenen entstand 1617. In der Fastenzeit hängt vor dem Hochaltar das vielleicht am schönsten komponierte Fastentuch Kärntens (dat. 1504). Es enthält in sechs Streifen mit je sechs Bildfeldern je 18 alt- und neutestamentarische Darstellungen.

Pfarramt Heiligenblut • Hof 2 • 9844 Heiligenblut
Tel. und Fax: 04824/2255

Heiligenblut (hl. Vinzenz)

Die Pfarr- und Wallfahrtskirche in Heiligenblut zeigt sich von außen mit einem hohen, steil zugespitzten Turm und einem hochgestreckten gotischen Chor. Doppelreihig geführte Maßwerkfenster und hohe mehrfach gestufte Strebepfeiler vermitteln einen einheitlich hochgotischen Charakter (1. und 2. H. des 15. Jhs., keinerlei Spuren aus dem 13. und 14. Jh.). Wenn man die Kirche über das spätgotische Spitzbogenportal betritt, wird man von der aufwendigen und einheitlichen Innenarchitektur, die überwiegend dem Baumeister Hans Hueber zugeschrieben wird, überrascht. Dies zeigt sich nicht nur im dreischiffigen, von mächtigen Pfeilern unterteilten und mit Sternrippengewölben abgedeckten Langhaus, sondern auch in den Pfeileremporen, die mit äußerst kunstvollen Maßwerkbrüstungen ausgestattet sind. Als zusätzliche ornamentale Bereicherung enthält das Chorgewölbe gemalte Darstellungen (um 1483). Der Chor, durch den Kryptaeinbau deutlich erhöht, enthält als Höhepunkt den 11 m hohen, vollständig erhaltenen gotischen Hochaltar (vollendet 1520, restauriert 1997). An seiner Ausführung waren mehrere Werkstätten und Künstler aus der M.-Pacher-Nachfolge beteiligt. Die Feiertagsansicht des Schreins wird von der Figurengruppe der Marienkrönung (umgeben von den Gestalten der hll. Vinzenz und Petrus) beherrscht. An den Schreinflügeln sind Szenen aus dem Leben Jesu dargestellt. Zum weiteren Bestand der Kirche zählen das steinerne Sakramentshäuschen, der Veronikaaltar (um 1491), die Skulptur der Madonna im Rosenkranz (17. Jh.), die Kanzel (17. Jh.) und natürlich der Sarkophag des hl. Briccius in der Krypta. Ihm bzw. der heute in einer Monstranz verwahrten Reliquie des Heiligen Blutes gilt die besondere Verehrung der Wallfahrer. Briccius, ein Feldherr am Hofe des byzantinischen Kaisers, soll das Fläschchen mit dem Heiligen Blut auf seinem Heimweg nach Dänemark hierher gebracht haben, als er im Gebiet der Pasterze verunglückte.

Pfarramt Globasnitz • 9142 Globasnitz 58
Tel.: 04230/216

K Archäologische Ausgrabungen am Hemmaberg
Tel.: 04230/310

Hemmaberg/Sv. Hema
(hll. Hemma und Dorothea)

Die Filial- und Wallfahrtskirche zu den hll. Hemma und Dorothea wurde zwischen 1498 und 1515 als Filialkirche von Eberndorf errichtet und später der Pfarre Globasnitz unterstellt. In ihrem äußeren Erscheinungsbild zeigt sie sich als schlichter blockhafter Bau, der mit einem Südturm ausgestattet ist und, wie Befunde ergaben, Ende des 17. Jhs. nach Westen hin erweitert wurde (Teile der Westwand fanden als weiterer Triumphbogen Verwendung). Eine eigenartige Wirkung geht vom Innenraum aus, der von zwei Triumphbögen untergliedert ist und damit die in Wallfahrtskirchen erwünschte Aufstellung einer höheren Anzahl von Altären ermöglichte. Der Hochaltar stammt aus der 1. Hälfte des 17. Jhs. und gibt im stark erneuerten Hauptbild die hll. Hemma und Dorothea wieder, in den Nischenflügeln von den Statuetten der hll. Petrus und Paulus begleitet. In den kunstvoll umrahmten Aufsatz ist in Zweitverwendung die spätgotische Reliefwiedergabe (um 1520) einer Beweinung eingebunden. Die vorderen Seitenaltäre aus der 1. Hälfte des 17. Jhs. sind schlicht gestaltet und zeigen in den Hauptbildern die Darstellungen der hll. Christophorus und Bartholomäus bzw. Urban und Erasmus. Die vorderen, mit geschnitzten Blattvolutenranken ausgestatteten Altäre, die bereits dem 18. Jh. angehören, enthalten die Hauptbilder mit der Wiedergabe des sterbenden hl. Franz Xaver und des hl. Aloisius, in den vorderen Triumphbogen ist zudem über einem Balken eine barocke Kreuzigungsgruppe angebracht. Aus dem weiteren Ausstattungsbestand seien die an die Langhauswände gehängten sechs Bilder, die in freier unbeholfener Nachahmung der berühmten spätgotischen Hemmareliefs Szenen aus der Hemmalegende festhalten, genannt. Eine Besonderheit stellt die einheitliche Ausstattung des Chors mit Wandmalereien von 1619, die als Motive Blumenranken, Medaillons und Heiligengestalten, aber auch szenische Darstellungen umfassen, dar.

Hemmaberg/Sv. Hema

Seit 1978 war es im Bereich der römischen Straßenstation Iuenna (vom keltischen Gott Iovenat), die in spätrömischer Zeit um 400 auf den Jaunberg verlegt worden war, bzw. in dem südöstlich der Wallfahrtskirche Hemmaberg gelegenen Areal zu den bedeutendsten Kirchenfunden frühchristlicher Zeit gekommen. Diese umfassten eine um 400 erbaute Kirche, die als Saalbau mit Rundapsis sowie abgegrenztem Presbyterium errichtet wurde und einem privilegierten Personenkreis als Grablege diente. Um 500 nach Christus scheinen nahezu gleichzeitig und von teilweise identen Handwerkern und Künstlern ausgeführt (Mosaiken) zwei Doppelkirchen (annähernd parallel nebeneinander gebaute Kirchen) errichtet worden zu sein. Jenes Kirchenpaar, das den Katholiken vorbehalten war, setzt sich aus einer für die Messfeier bestimmten Kirche und einer Begräbniskirche, also für Grablegen

Pfarramt Globasnitz
9142 Globasnitz 58
Tel.: 04230/216

K **Archäologische Ausgrabungen am Hemmaberg**
Tel.: 04230/310

bestimmten Kirche, zusammen. In der Hauptachse der Begräbniskirche befindet sich ein polygonales Baptisterium, eine Taufkapelle. Beide Kirchen verfügen über eine für die Taufwerber vorgesehene Vorhalle im Westen und ein den Priestern vorbehaltenes Areal im Osten sowie einen geraden bzw. runden Abschluss.

Die von den Arianern benutzten zwei Kirchen sind in etwas größerer Distanz zueinander angelegt. Die nicht der Eucharistiefeier dienende Kirche ist hier primär für die Taufe, aber auch für eine Art firmungsähnliche Salbung vorgesehen. Sie enthält daher ein zentral angeordnetes Taufbecken. Die Beliebtheit dieses von unterschiedlichen Konfessionen betreuten »heiligen« Ortes erkennt man nicht zuletzt auch daran, dass sich neben allen drei Kirchenkomplexen geräumige Pilgergebäude befanden.

Hermagor (Pfarrkirche hll. Hermagoras und Fortunatus)

Der über einem älteren Kern im 15. Jh. errichtete Bau – die Erneuerung erfolgte bereits 1478 nach dem Türkeneinfall – wurde 1904 nach einem Brand in seinem äußeren Erscheinungsbild einheitlich neugotisch umgestaltet. Im Inneren tritt uns die Kirche als dreischiffige Hallenkirche mit Netzrippengewölbe (um 1480) entgegen. Der kreuzrippengewölbte Chor und das Langhaus verfügen über kunstvoll bemalte Gewölbesteine und figurale Malereien in kleinen vertieften Flächen. Die Ausstattung wird vom Barock bestimmt. Der Hochaltar (1749) präsentiert sich in geschlossener Komposition. Die Hauptfigur des hl. Hermagoras wird außen von den hll. Petrus und Paulus flankiert. Einen weiteren Glanzpunkt bildet die bewegt konzipierte

Pfarramt Hermagor
Dechant-Pietschnigg-Gasse 1
9620 Hermagor
Tel.: 04282/2141
Fax: 04282/2147-1209

Marienkrönungsgruppe des Aufsatzes. Der südliche Seitenaltar zeigt im Mittelbild den hl. Nepomuk über den Wolken schwebend, während der nördliche Seitenaltar mit der Madonnenfigur auf Ornamentik weitgehend verzichtet. Mit zum bedeutenden Barockbestand zählt die streng geformte und reich ausgestattete Rokokokanzel. Nicht unbeachtet bleiben sollte der in Resten erhalten gebliebene gotische, um 1510 in der »Älteren Villacher Werkstätte« geschaffene Altar, der in der Südkapelle des Chores aufgestellt ist. Die Schreinflügel fielen 1987 einem Diebstahl zum Opfer und sind heute durch Fotokopien ersetzt. Über der schlichten Predella mit dem Gemälde Christus als Schmerzensmann mit Johannes Ev. und Madonna enthält die Schreinnische die graziös posierende Statue der Madonna mit Kind und Traube.

29 Pfarramt Himmelberg • 9562 Himmelberg 36
Tel.: 04276/2429

Himmelberg
(Pfarrkirche St. Martin)

Bereits im 11. Jh. als Eigenkirche der Eppensteiner erwähnt, gelangt sie Anfang des 16. Jhs. an die Keutschacher, später an die Khevenhüller und 1668 schließlich an eine Gräfin Lodron. 1711 kam es nach einem Brand zu einer Neuausstattung, auch der Karner wurde barock erneuert. Im Äußeren ist die Kirche dem Barock zuzuordnen, nur Chor und Chorturm bezeugen gotische und romanische Baustruktur. Im Innern präsentiert sich das Langhaus als ein von Tonnengewölben mit tiefen Stichkappen abgedeckter Saalraum, der im 17. Jh. mit Stuckausstattung versehen wurde. Im Gewölbescheitel entstanden innerhalb von Stuckrahmen die Bilder Himmelfahrt Mariä, Dreifaltigkeit und Heilige Familie. Dazu gesellt sich über dem Triumphbogen die 1821 gemalte Kreuzigungsgruppe (2000 aufgedeckt). Beeindruckend ist die große Einheitlichkeit der spätbarocken Ausstattung mit Altären und der Kanzel. Der Hochaltar zählt wohl zu den meisterhaftesten Altarkompositionen des Spätbarock (2. Hälfte 18. Jh.) in Kärnten. Der Mittelteil des Altars mit den vorgreifenden Säulen enthält das Anfang des 19. Jhs. erneuerte Altarbild der Mantelspende des hl. Martin, der Aufsatz die meisterhafte Skulpturengruppe der Marienkrönung. Ornamentale Verspieltheit des Rokoko kennzeichnet die beiden Seitenaltäre. In der Seitenkapelle befindet sich der mit 1742 datierte Vierzehn-Nothelfer-Altar mit der zentralen Reliefwiedergabe der Vision des hl. Bernhard.

30 Pfarramt Eberstein • Kirchplatz 2 • 9372 Eberstein
Tel. und Fax: 04264/8130 • www.dekanat-krappfeld.at
e-mail: pfarre-eberstein@dekanat-krappfeld.at

Hochfeistritz
(Unsere Liebe Frau)

Die weithin sichtbare, auf einer Bergkuppe gelegene Pfarr- und Wallfahrtskirche verdankt ihr markantes Aussehen der Westfassade, bei der der Turm aus dem sich zuspitzenden Giebel emporwächst. Die nördliche Außenseite mit dem Chor (hohe Spitzbogenfenster, umlaufendes Kreuzblattfries) zeigt ein einheitliches, auf die Entstehungszeit 1446–1491 zurückzuführendes Äußeres, während der östliche Teil der Nordseite mit gestufter Mauer und turmartigem Aufbau möglicherweise Reste einer 1414 durch Blitzschlag zerstörten Kirche enthält. In der 2. Hälfte des 15. Jhs. wurde die Kirche mit einer effizienten Wehranlage umgeben. In das Innere führt im Westen eine der schönsten gotischen Portalanlagen Kärntens. Der prachtvolle Innenraum besteht aus dem kurzen dreischiffigen Langhaus, dessen plastisch geformte Bündelpfeiler und Wanddienste das dreijochige Sternrippengewölbe tragen, und dem großen, ebenfalls sternrippengewölbten Chor mit ornamental gestalteten Schlusssteinen. Baldachinnischen an den Stützen und Maßwerkfelder an den Chorbrüstungen tragen zudem zur ornamentalen Bereicherung bei. Im Brennpunkt des Chores steht der prunkvolle dreigeschossige Hochaltar in schwarz-goldener Fassung. Er zeigt in dem von gedrehten Säulen untergliederten Mittelteil unter einem Baldachin die gotische (Ende 15. Jh.) Gnadenstatue der Madonna mit Kind, in den äußeren Säulenzwischenräumen von den gotischen Statuen der hll. Barbara und Katharina (Ende 15. Jh.) begleitet. Auch der restliche Bestand an Altären entstammt überwiegend dem 17. Jh. Auf der Mensa des Leonhardsaltars steht die Kopie der bekannten gotischen, um 1490 geschaffenen Reliefdarstellung des Marientodes (Original im Diözesanmuseum Klagenfurt). Einen weiteren Höhepunkt der Barockausstattung bildet die am südlichen Triumphbogenpfeiler angebrachte Kanzel (J. Pacher und J. Kuffler) von 1760.

Pfarramt Irschen • 9773 Irschen 19
Tel.: 04710/2570

Irschen
(hl. Dionysius)

Es handelt sich um eine ehemals sehr bedeutende Pfarrkirche, die wahrscheinlich im Laufe des 13. Jhs. zu Salzburg gekommen war und über ein großes Einzugsgebiet verfügte. Die erste Erwähnung datiert aus dem Jahr 1190. Aus dieser Zeit könnte der Chor mit der Rundapsis stammen. Die an den Westturm seitlich anschließende Vorhalle wurde 1839 errichtet. An der südlichen Außenwand ist als Beschützer in Todesnot und Patron der Pilger eine Christophorusgestalt aus dem 14. Jh. dargestellt. Im Innenraum besticht das von zwei Rund- und schmalen Wandpfeilern getragene Netzrippengewölbe (ca. 1500), dessen Flächen mit Rankenmalereien ausgestattet sind. Im Chor haben sich Wandmalereien aus dem 14. Jh. an der Nordwand (Marienkrönung, Heilige) und dem 16. Jh. an der Apsiswand (Jüngstes Gericht) erhalten. An der Triumphbogenwand zeigen sich dem Betrachter die in spätbarocker Bravour gemalten Himmelfahrten Mariä und Christi. Im räumlichen Brennpunkt der Kirche steht als Blickfang und Höhepunkt der gotische Hochaltar, der 1898 nach einer Restaurierung an die Stelle des ehemaligen spätbarocken Hochaltares (heute in Bleiburg) gestellt wurde. Er enthält in charakteristischen Formen der »Späten Villacher Werkstatt« um 1520 in der Nische drei Statuen: In der Mitte überhöht die des Kirchenpatrons, des hl. Dionysius, sowie die des Evangelisten Johannes zur linken und des hl. Leonhard zur rechten Seite. Vom Originalbestand des Altares haben sich zudem an den Flügelaußenseiten die gemalten Darstellungen des hl. Wolfgang und des hl. Chrysanth erhalten, an der Predellenrückseite vier gemalte Apostelwiedergaben. Aus der Barockzeit um die Mitte des 18. Jhs. stammen die beiden Seitenaltäre (links mit Gnadenmadonna, rechts mit einem Kruzifixus). Zum weiteren Bestand zählen zwei gotische Assistenzfiguren Maria und Johannes (um 1500) sowie mehrere in nachbarocker Manier (bis zur Mitte des 19. Jhs.) geschaffene Statuen und Bilder (von Jakob Kreisnegger und Josef Köfler).

32 Pfarramt Karnburg • Pfalzstraße 8 • 9063 Maria Saal
Tel. und Fax: 04223/2444

Karnburg
(hll. Peter und Paul)

Die Pfarrkirche in Karnburg gilt als die älteste mittelalterliche Kirche Kärntens und wurde wahrscheinlich im 9. Jh. als Kapelle der dort befindlichen karolingischen Pfalz errichtet. Es heißt, König Arnulf hätte 888 darin das Weihnachtsfest gefeiert. Die heutige Kirchenanlage bezieht ihr charakteristisches Äußeres von der mit einem mächtigen gotischen Westturm (15. Jh.) versehenen Pfarrkirche und der in geringem Abstand an der Südseite im 14. Jh. errichteten kleinen Annenkapelle mit gemauertem Dachreiter. Zahlreiche römische Spolien sind in die Fassaden eingebunden. In großer Häufung sind sie am überdachten Emporenaufgang an der Nordseite anzutreffen. Im Inneren der Pfarrkirche zeigt sich das Langhaus als unverputzter, möglicherweise aus dem 9. Jh. stammender Saalraum, dessen Wände aus teilweise im Fischgrätenmuster geschichteten Steinen bestehen. An der Nordwand ist zudem eine vermauerte rechteckige Türöffnung mit dem darübergesetzten mittelalterlichen Steinrelief »Hand Gottes« zu erkennen. Der gerade geschlossene Chor wird an seiner weiß getünchten Rückwand durch eine qualitätvolle barocke Kreuzigungsgruppe (Kruzifixus und Statuen von Maria, des Evangelisten Johannes und Maria Magdalena) aus dem 18. Jh. gestaltet. An den Triumphbogenflanken sind das Relief einer barocken Marienkrönung und ein moderner Tabernakel, an den Langhauswänden vier barocke Heiligenstatuen (M. 18. Jh.) angebracht. Eine gotische Skulptur des hl. Petrus wird in einer vergitterten Nische verwahrt. Die Ausstattung der schlicht gestalteten Annakapelle, die mit der Pfarrkirche durch einen gemauerten Verbindungstrakt verbunden ist, beschränkt sich auf die in den kleinen gotischen Chor gestellte barocke Statuengruppe bestehend aus Schutzengel, dem hl. Nepomuk und dem hl. Franz Xaver.

Klagenfurt
(hll. Petrus und Paulus)

Die Dom- und Stadtpfarrkirche wurde als eine der ältesten längsgerichteten Bauten der evangelischen Kirche gemeinsam mit dem im Westen angeschlossenen Spitalsbau von ca. 1578–1591 errichtet. 1600 erfolgte ihre Schließung durch die katholische Reformationskommission und 1604 die Übergabe an den Jesuitenorden (Ausbau der Kirche und des Spitals, Umwandlung zur Jesuitenschule, 1773 Aufhebung des Ordens). 1964 wurde nach schweren Beschädigungen der Spitalsbau abgetragen. Die 1787 zum Dom ernannte Kirche erhielt 1973 eine neue Fassade. Sie wird von dem mächtigen sechsgeschossigen Turm mit Spindelhelm beherrscht. Der vor allem seit der Restaurierung von 1990–1991 in heller Farbigkeit sich präsentierende Innenraum zeigt sich als breiter Saalraum, der in schmaler Abstufung und leichter Überhöhung vom Langhaus

Dompfarre Klagenfurt
Lidmanskygasse 14
9020 Klagenfurt
Tel.: 0463/54950
www.dom-klagenfurt.at
e-mail: dom.klagenfurt@netway.at

K Kultur im Dom, Dommusik
Tel.: 0463/54950

abgesetzt ist. Nach dem Brand von 1723 wurden Wände und Gewölbe mit Stuckdekor (K. und J. M. Pittner) ausgestattet. An den Chorwänden befinden sich vier von Suitbert Lobisser 1928 gemalte Szenen aus dem Leben der Apostel Petrus und Paulus. Nach dem Brand von 1927 ließ man alle Seitenaltäre durch die Werkstatt des Lukas Mislj aus Laibach in kunstvoller Marmorzusammensetzung errichten. Unter den Altarblättern, die sie umrahmen, sei jenes der Vision des hl. Ignatius (Paul Troger, 1727, Christuskapelle) gesondert hervorgehoben. Den Höhepunkt der Ausstattung stellt zweifellos der 1752 in Holz errichtete und mit kunstvollem Stuckmarmor versehene Hochaltar dar. Das Hauptbild zeigt die Begegnung der beiden Apostelfürsten Petrus und Paulus, das Aufsatzbild die Dreifaltigkeit aus der Hand Daniel Grans. Zwei weitere künstlerische Glanzpunkte der hochbarocken Ausstattung sind die Kanzel und die plastische Gruppe der Apotheose des hl. Nepomuk.

Pfarramt St. Egid • Pfarrhofgasse 4 • 9020 Klagenfurt
Tel. und Fax: 0463/511308
e-mail: st.egid-klagenfurt@aon.at

Klagenfurt (hl. Egidius)

Die Stadthauptpfarrkirche St. Egid war bis 1603 Filialkirche von Maria Saal. Anstelle der heutigen Kirche befand sich bis zu dem Erdbeben von 1690 eine dreischiffige romanische Kirche mit Doppelturmfassade und gotischem Chor. Nach ihrem Abbruch wurde 1691–1697 der Neubau der Kirche durchgeführt. Am Außenbau trägt der ca. 92 m hohe Turm mit Spindelhelm und Balkonumgang noch das authentische Aussehen dieser Zeit, während die Fassaden 1893 eine neobarocke Gestaltung erfuhren. Der Innenraum präsentiert sich als Saalraum, der seitlich von den Pfeilerarkaden und den Emporenöffnungen aufgelockert erscheint. Der abrupt und gerade geschlossene Chor wird auch hier nur durch einen schmalen Triumphbogen vom Langhaus abgesetzt. Die Deckengemälde sind durch satte Farbigkeit gekennzeichnet. Jenes im Chor enthält die Empfehlung Klagenfurts und Kärntens an die Heiligste Dreifaltigkeit durch den hl. Egidius (um 1760, J. F. Fromiller zugeschrieben), jenes in der Mitte des Langhausgewölbes gibt die Glorie des Heiligen Hauptes wieder (1761, J. A. Mölkh). Dominant tritt der an die gerade Chorschlusswand gestellte Hochaltar hervor. Er weist einen streng klassizistischen Aufbau auf und zeigt das Bild des Almosen verteilenden und heilenden hl. Egidius (1784, Adam Cusetti). Über den Hochaltartabernakel ist das seit 1742 hochverehrte Bild des Klagenfurter Heilighauptes gestellt. Ein weiterer künstlerischer Höhepunkt innerhalb des Langhauses ist die 1743 durch Benedikt Pläß äußerst kunstvoll gestaltete Kanzel. Von den acht Altären in den Seitenkapellen sei der Michaelsaltar mit einem 1727 von J. F. Fromiller geschaffenen Bild gesondert erwähnt. Zum reichhaltigen modernen Kunstbestand zählen u. a. das Johannesbild des Peter Krawagna, die Emmausszene von J. Pirkner über dem Grabmal des Julien Green und die Kapellenausmalung zum Thema der Apokalypse von E. Fuchs.

Diözesanmuseum • Lidmanskygasse 10/3
9020 Klagenfurt • Tel.: 0463/502498
oder 0463/57770-1064

Klagenfurt
(Diözesanmuseum)

Anlass für die Gründung eines Diözesanmuseums im Jahre 1917 war die akute Bedrohung von Kunstwerken durch Verfall, Ausverkauf und Diebstahl. Aus Dachböden, Sakristeien und entlegenen Filialkirchen wurden daher in den folgenden Jahren viele Kostbarkeiten geborgen und einer Restaurierung zugeführt. 1937 konnte der Öffentlichkeit in den Räumen der bischöflichen Residenz eine beachtliche Sammlung von Kunstwerken gezeigt werden. 1974 übersiedelte das Museum in das neu erbaute Haus am Dom. Auf sieben Räume verteilt wird ein reicher Bestand an Objekten sakraler Kunst aus der Romanik (Magdalenenscheibe aus Weitensfeld um 1160/70 – es ist die älteste Glasmalerei Österreichs –, das Hölleiner Kruzifixus um 1170/80, das Rundsiegel des Bischof Roman von Gurk 1131–1167), vor allem aus der Gotik (zahlreiche Flügelaltäre, z. B. der älteste Altar Kärntens, der Petrus- und Paulus-Altar aus Rangersdorf von 1422 oder der Gewerkenaltar aus Flitschl von 1516, zahlreiche Einzelplastiken mit Darstellungen der Madonna, der Pietà und vieler Heiligen, Tafelbilder, Paramente, liturgische Geräte und das Fastentuch von Steuerberg) sowie aus dem Barock (Messkännchen, Barockleuchter, Messkleider) präsentiert. Dem Barock entstammen zudem die Statuengruppe des ehemaligen Hochaltares von St. Andrä (um 1740, Franz Anton Detl) und das dramatisch bewegte Bild der Enthauptung Johannes des Täufers (um 1760, Werkstatt Franz Anton Maulbertsch). Zeugnisse der Volkskunst wie Votivgaben, Votivbilder und Kuriositäten – darunter eine Kristallkugel, die zu Heilzwecken verwendet wurde – vervollständigen das reichhaltige Programm.

Pfarramt Klein St. Paul • Badstraße 1 • 9373 Klein St. Paul
Tel.: 04264/2317-0 • Fax: 04264/2317-4
www.dekanat-krappfeld.at
e-mail: pfarre-klein.st.paul@dekanat-krappfeld.at

Klein St. Paul (Pauli Bekehrung) im Görtschitztal

Die Kirche, um 1077 im Besitz des Pfalzgrafen Aribo von Görz, ist seit 1211 Pfarrkirche.

Heute besteht sie als spätgotische Saalkirche mit barocker Flachdecke, mit einem gotischen Kreuzrippengewölbe im Chor und einer geschnitzten Altarskulpturengruppe (Vierzehn Nothelfer; 18. Jh.). Beachtenswert ist auch die Renaissance-Grabplatte mit Wappen des Wolfgang von Erolzhaim († 1534). Ab 1444 übernahm das Benediktinerstift St. Paul im Lavanttal die Patronatsrechte. 1506 wurde die Pfarre durch Papst Julius II. demselben Stift St. Paul inkorporiert, dem sie bis Ende 1974 gehörte. Daher finden sich im Bild- und Skulpturen-Programm der Pfarrkirche zahlreiche Bezüge zum Benediktinerorden und seinen Heiligen. Seit 1975 ist Klein St. Paul wieder eine selbständige Pfarre der Diözese Gurk mit einem mächtigen gotischen Turm südlich des Chores. An der Eingangsfront zur Kirche finden sich römerzeitliche Grabinschriften und Bildmotive.

Nach der Innenrestaurierung (1994) konnte in Zusammenarbeit mit dem Künstler Werner Hofmeister (Klein St. Paul) und dem Architekten Felix Graf Orsini-Rosenberg (Schloss Damtschach/Domačale) die Innenausstattung der Pfarrkirche geändert und so angeordnet werden, dass ein stimmiges Ensemble erreicht wurde, in dem sich behutsam alte bzw. ältere und moderne Sakralkunst begegnen und füreinander verwenden (Weihwasserbehälter, Seitenkapelle an der Nordseite des Langhauses; Volksaltar, Taufkapelle an der Nordseite des Chores, »Fastentuch«).

Der Pfarrhof ist ein stattlicher Barockbau und gehört zu den schönsten Pfarrhöfen in Kärnten.

Pfarrkirche und Pfarrhof sind in die künstlerische Gesamtkonzeption der Marktgemeinde Klein St. Paul seit 1989 durch Werner Hofmeister so integriert worden, dass sie durch die künstlerische Gestaltung im Ort aufeinander bezogen sind.

Pfarramt Kötschach • 9640 Kötschach 27
Tel.: 04715/244-0 • Fax: 04715/244-34
e-mail: pfarramt.koetschach@utanet.at
oder soehne.mariens@utanet.at

Kötschach
(Unsere Liebe Frau)

Ehemals Wallfahrtskirche, seit Anfang des 17. Jhs. Pfarrkirche und ab 1712 Servitenkirche, beherbergt sie heute die »Gemeinschaft der Söhne Mariens«. Vorgängerbauten dieser Kirche werden urkundlich 1399 und 1485 (dieser war bereits ein repräsentativer Bau) genannt. An seine Stelle wurde die heutige asymmetrisch, mit breiterem nördlichen und schmälerem südlichen Seitenschiff konzipierte Kirche 1518–1527 durch Bartlmä Firtaler aus Innichen erbaut. Sie weist im Westen einen mächtigen Vorhallenturm, im Osten einen langgestreckten Chor auf und wird südseitig von kräftigen, plastisch geformten Strebepfeilern aus rotem Sandstein gestützt. Im Inneren überrascht das Langhaus durch die reiche Ausstattung mit Architekturornamentik (Quaderbemalung der Pfeilerarkaden, Schlingrippengebilde mit buntfarbigen Blütenenden). Der vom Langhaus kaum merklich abgesetzte Chor enthält an der linken Chorschlusswand als Dokument des letzten Vorgängerbaues ein monumentales gotisches Fresko des N. Kentner von 1499, das die Himmelfahrt Mariens wiedergibt. Das Gewölbe wurde in der 2. Hälfte des 18. Jhs. mit großflächigen Freskenbildern ausgestattet, von denen eines die Aufnahme Mariens in den Himmel vor effektvoller Scheinarchitektur, das zweite die Verehrung des von Engeln getragenen Gnadenbildes darstellt. Der in den strengen Formen des Klassizismus geschaffene Hochaltar stammt von Franz Stauder aus Sexten und enthält innerhalb des gemalten Hauptbildes mit segnendem Gottvater die kleine bekleidete Gnadenstatue einer schwarzen Madonna. Die restliche, überwiegend dem Rokoko verpflichtete Ausstattung ist durch holzfarbene Tönung des Aufbaues sowie Gold- und Weißfassung der Ornamentik gekennzeichnet. Dies gilt sowohl für die von den Servitenfratres Bruno und Gabriel Hochkofler kunstvoll geschaffene Kanzel als auch für den am südlichen Triumphbogen aufgestellten Peregrinusaltar und die restlichen Altäre.

(38) **Pfarramt Straßburg • Hauptstraße 7 • 9341 Straßburg**
Tel.: 04266/2279-0 • Fax: 04266/2279-4
e-mail: rossmann@carinthia.com oder
pfarre.strassburg@netway.at

Lieding (hl. Margareta)

Die Kirche wurde möglicherweise gemeinsam mit einem Kloster als Eigenkirche der Gräfin Imma, einer Vorfahrin der Hemma von Gurk, gegründet, 1131 zur Pfarrkirche erhoben, reich ausgestattet und 1330 dem Kollegiatskapitel von Straßburg unterstellt. Im Äußeren wird sie vom hochgestreckten und von Strebepfeilern gestützten Chor sowie vom mächtigen Südturm mit barockem Spindelhelm (1707) bestimmt. Dazu gesellt sich die kleine Karnerkapelle mit gotischem Chor und spitzem Dachreiter. Von einer Vorgängerkirche (um 1200) haben sich die Langhauswände und das romanische Stufenportal mit originell gestaltetem Tympanonrelief (hl. Margareta entsteigt dem Drachen) erhalten. Über der dreischiffigen Krypta wurde der reich ausgestattete Chor mit Kreuzrippengewölbe, Spitzbogenarkadenfries und bedeutenden Glasmalereien von 1340/50 (mit Szenen aus der Legende der hll. Katharina und Margareta sowie Heilige) errichtet. Der überwältigenden Wirkung dieser Kunstwerke hat sich der Erbauer des Hochaltares Johann Georg Hittinger untergeordnet, als er diesen in schmalem Format und in malerischer Leichtigkeit als ausschwingende Baldachindraperie, die die Madonnenstatue umfängt, konzipierte (um 1771). Die beiden Seitenaltäre stammen von ca. 1777 und zeigen die Bilder der Geburt Christi und der Präsentation des Allerheiligsten. Über das Sakristeiportal ist ein Epitaph mit zentraler Reliefwiedergabe – Hemma und Wilhelm mit Dommodell – aus dem 17. Jh. gesetzt. Die im Langhaus angebrachte Kanzel (1780, J. G. Hittinger) ist reich mit Rokoko-Ornamentik ausgestattet und wie die Statuen der Kirchenväter am Korb in Weiß und Gold gefasst. Dieselbe Fassung kennzeichnet die über die Langhauswände verteilten Heiligenstatuen und die Engelsstatuen.

39 Pfarramt Ottmanach • Ottmanach 2 • 9064 Pischeldorf
Tel.: 04224/2502

K Archäologischer Park Magdalensberg
Tel.: 04224/2255 oder 0463/536-30557
http://www.buk.ktn.gv.at/landesmuseum/magdalensberg.htm

Magdalensberg (hll. Helena und Maria Magdalena)

Die ursprünglich nach der hl. Helena bezeichnete Filial- und Wallfahrtskirche am Gipfel des Magdalensberges wurde 1262 erstmals genannt und urkundlicher Überlieferung zufolge 1462 von einem Meister Mothe ausgebaut. Sie zeigt in der Tat vor allem an der Südseite mit dem querschiffartig sich absetzenden Anbau eine uneinheitliche Außenansicht, während die Nordseite, an die der Turm angebaut ist, mit der Flucht von Strebepfeilern ein geschlossenes Bild vermittelt. Diese originelle Uneinheitlichkeit kennzeichnet auch das Innere. Dieses besteht aus einer zweischiffigen Halle, deren Sternrippengewölbe von Pfeilern in unterschiedlicher Formung und Stärke getragen wird, und einem niedrigeren Seitenschiff mit kleinem Chor. Die Hauptflucht führt jedoch entschieden zu dem für Wallfahrtskirchen charakteristischen langgestreckten Chor mit Netzrippengewölbe hin. In dessen Brennpunkt steht als Schmuckstück der Kirche der prachtvolle gotische Hochaltar von 1502, der der hl. Helena als Patronin gewidmet ist. Er enthält als zentrale Figur die graziös stehende Heilige mit einer Krone auf dem Haupt und einem Kirchenmodell in den Armen. Die geöffneten Flügel und das Bild der Predella zeigen gemalte Szenen der Helenalegende. Die Aufsatzbaldachine beherbergen eine Madonnenstatue und zwei weitere Heiligenfiguren (Helena und Magdalena), die bemalten Flügelaußenseiten geben Christus und die Apostel, die feststehenden Flügel vier Heilige wieder. Reste eines weiteren gotischen Altares (um 1520) haben sich durch ihre Einbindung in den Barockaltar (1. Viertel des 18. Jhs.) des südlichen Chores erhalten. Es sind dies vier Reliefwiedergaben von Szenen aus dem Leben der hl. Magdalena sowie eine Statue der hl. Magdalena (Schreinstatue). Die Seitenaltäre mit einer Marienstatue bzw. dem Bild des hl. Markus stammen aus dem 1. Viertel des 18. Jhs. Die Kirche bildet den Ausgangspunkt des am Dreinagelfreitag, zwei Wochen nach Ostern, stattfindenden Vierbergelaufs.

Pfarramt Malta • 9854 Malta 74 • Tel.: 04733/232

Malta (Pfarrkirche Mariahilf)

Eine erste Kirche wird bereits im 11. Jh. als Eigenkirche von Trient erwähnt, weitere Nennungen erfolgen im 14. und 15. Jh. Sie präsentiert sich im Äußeren aufgrund vieler Zubauten aus späterer Zeit als unorganisch wirkender Bau. Nur der Chor zeigt eine gewisse Einheitlichkeit. Die Südwand des Langhauses enthält ein Bild der hl. Dorothea und Reste einer Christophorusdarstellung (romanisch). Im Innenraum tragen sowohl das Langhaus als auch die Chorwände den Charakter der Erbauungszeit im 13. Jh. (Rippeneinwölbung und Chorschluss Ende des 15. Jhs.). Auf die Chornordwand ist ein faszinierender Dreikönigszug des 14. Jhs. gemalt. Größte Originalität kennzeichnet auch die beiden an die Wand gemalten Bilder: Verkündigung der Madonna und Madonna in den Wehen. Die noch dem Frühbarock (1671 und 1673) entstammenden Seitenaltäre in braungoldener Fassung verfügen über einen ornamentierten Aufbau um das Mittelbild. Der um 1740 entstandene Hochaltar mit dem Madonnenhauptbild aus dem 19. Jh. enthält in den seitlich geöffneten Kolonnaden vier Heiligenstatuen, über den Tabernakel ist innerhalb eines geschnitzten Baldachins die bekleidete Statuette der Gnadenmadonna gestellt. Aus dem weiteren reichen Barockbestand seien genannt: Die Kanzel von 1720, der Taufsteindeckel (2. Hälfte des 17. Jhs.) und in der südlichen Seitenkapelle der Altar von 1622 mit dem Bild der Vermählung der hl. Katharina (Kopie nach Vorbild Veroneses). Südlich der Kirche steht ein im 12. Jh. errichteter Rundkarner (im Inneren Wandmalereireste 14. Jh.).

Pfarramt Maria Elend 6 • 9182 Maria Elend
Tel.: 04253/304

Maria Elend/Podgorje
(Pfarr- und Wallfahrtskirche)

Der Ursprung der Wallfahrtskirche (Hauptwallfahrtstag ist der 15. August) wird mit der Legende von der hl. Hemma, die zu einer höher gelegenen Waldkapelle gepilgert sein soll, in Verbindung gebracht. Die dreischiffige mächtige Hallenkirche entstammt der Spätgotik, erhielt im 17. Jh. am Turm einen Zwiebelhelm und einen offenen Kapellenanbau, in den man die eigens dafür geschaffene Skulptur einer Schutzmantelmadonna stellte. Der Innenraum wurde barock verändert, das ursprünglich gotische Chorgewölbe im 18. Jh. mit Stuck und Malerei versehen. Das zentrale Gewölbebild mit Wiedergabe einer Madonnenerscheinung entstand 1731. Erst dem 3. Viertel des 18. Jhs. entstammt der prachtvolle, von einem Medaillonbilderkranz umgebene Hochaltar. Innerhalb einer lüsterroten Baldachinnische ist die gotische Gnadenstatue einer thronenden Madonna mit Kind (Mitte 15. Jh.) aufgestellt. Die Legende berichtet, dass die Madonna zur Zeit der Türkenkriege im 17. Jh. in Wien erschienen sei. Der Hochaltar selbst sei als Dank für die erfolgreiche Türkenabwehr durch die Stadt Wien gestiftet worden. In der Kirche stehen zudem mehrere Seitenaltäre aus dem 17. und 18. Jh. Von größter Bedeutung ist der in die Apsis des südlichen Seitenschiffes gestellte spätgotische Flügelaltar (um 1520 aus der »Jüngeren Villacher Werkstatt«). In seinem Schrein steht die graziös posierende Madonna mit Kind, begleitet von Rochus und Sebastian. An den Flügelinnenseiten sind im Übereinander zwei Reliefs mit je einer Dreiergruppe von Heiligen (insgesamt 12 von 14 Nothelfern) angebracht. Die Werktagsseite zeigt vier Passionsszenen und die vier Evangelisten.

42 Pfarramt St. Gandolf – Maria Feicht • St. Gandolf 1
9555 Glanegg • Tel.: 04277/2613

Maria Feicht (hl. Maria)

Die Kirche wurde 1136 als Filialkirche von Tigring bezeichnet, verfügte bereits im 14. Jh. über einen Friedhof und war im 15. Jh. Filialkirche von St. Gandolf, die ihrerseits vorher von Maria Feicht abhängig war. Ab dem Jahre 1616 erhält sie »gewisse« Pfarrrechte. Der Name der Kirche wird auf ein von Maria bewirktes Wunderereignis an einem von Fichten umsäumten Platz zurückgeführt. Die Kirche präsentiert sich heute als weitgehend einheitlich gotischer Bau. Langhaus und Chor werden von Strebepfeilern abgestützt und die Spitzbogenfenster sind mit Maßwerken ausgestattet. Der fünfgeschossige Turm ist mit kunstvollen gotischen Maßwerkschallfenstern, Eckquaderbemalung und barocker Sonnenuhr ausgestattet. Auch der Innenraum mit Sternrippengewölbe ist in seiner architektonischen Gliederung völlig von der Gotik bestimmt. Die Einheitlichkeit des Raumes wird durch die weite Öffnung des Triumphbogens zusätzlich betont. Davor steht die über dem gedrehten Fuß sich erhebende gotische Steinkanzel von 1516. Die Altarausstattung entstammt, wie so häufig in Kärnten, wiederum dem Barock. Den Blickfang und Höhepunkt bildet dabei der dicht in den Chorschluss gestellte, 1681 geschaffene Hochaltar mit zahlreichen Ornamentappliken am schwarz-gold-gefassten Aufbau, in dessen Hauptgeschoss vier mächtige Säulen die Nische umstehen. In diese ist inmitten von mehrfach abgestuften Baumkulissen aus Brettern die Gnadenstatue der Madonna mit Jesuskind in der Rechten und dem Zepter in der Linken gestellt, über den Opfergangsportalen begleitet von den hageren Gestalten der Apostelfürsten Petrus und Paulus. Der an die Nordwand des Langhauses gestellte Kreuzaltar wurde, wie die Predellainschrift besagt, 1730 völlig neu errichtet (mit neuer Ornamentik und Kreuzigungsgruppe). Über der Mensa des Altares steht die alte gotische Gnadenstatue (Holz) der thronenden Madonna mit Kind vom Ende des 14. Jhs.

Maria Gail
(Unsere Liebe Frau)

Die Pfarr- und Wallfahrtskirche in Maria Gail (vermutlich im 11. Jh. begründet, 1090 und im 15. Jh. als Pfarrkirche genannt) zeigt im Äußeren einen romanischen Kern, der das Langhaus und den kräftig breiten Chorturm (1580 nach Erdbeben erneuert) mit Spitzgiebelhelm umfasst. Der Chor und das Langhaus entstammen der Gotik (1. und 2. Hälfte des 15. Jhs.). Über die Südfassade sind mittelalterliche Steinskulpturen eines Vorgängerbaues verteilt (Drachenkampf des hl. Georg, Löwe reißt Widder, Madonnenstatue, hl. Michael, Engel). Das Innere setzt sich aus einem netzrippengewölbten Langhaus mit Wandpfeilern, dem Triumphbogen und schließlich dem Chor mit gemalten Gewölberippen zusammen. Als Dokument der Romanik hat sich an der nördlichen Langhauswand ein Freskenzyklus vom Ende des 13. Jhs. mit Darstellungen aus

Pfarramt Maria Gail
18.-November-Platz 10
9500 Villach
Tel.: 04242/32116
www.kirchekath-villach.at/mariagail/index.html
e-mail: maria.gail@kirchekath-villach.at

der Passion Christi, dem Marienleben, des Jüngsten Gerichtes usw. erhalten. Vor diesem Freskenzyklus ist ein spätgotischer Flügelaltar (um 1515) aufgestellt. Er enthält in seinem Schrein die Statuengruppe der Marienkrönung. Die Flügelinnenseiten zeigen die Geburt Christi, die Anbetung der Könige, Pfingsten und den Marientod, die Flügelaußenseiten drei weitere marianische Szenen und die Auferstehung Christi. An der Brüstung der gotischen Empore sind die elegant posierenden gotischen Statuen des hl. Florian und des hl. Georg angebracht. Der weitere Ausstattungsbestand entstammt dem Barock: Der Hochaltar von ca. 1700 mit dem Relief der Skulptur der Schutzmantelmadonna im Schrein (um 1600), der linke Seitenaltar mit der Nischenstatue des Guten Hirten (18. Jh.), der rechte Seitenaltar mit dem Bild Tod des hl. Josef (2. Hälfte 18. Jh.) und die Kanzel mit szenischen Reliefs aus der Mitte des 18. Jhs.

Pfarramt Maria Luggau • 9655 Maria Luggau 26
Tel.: 04716/601 • Fax: 04716/601-17

Maria Luggau (Maria Schnee)

Auf Veranlassung der Bäuerin Helena, die 1513 in einer Vision zur Errichtung einer Marienkapelle aufgefordert worden war, entstand 1514 zunächst eine Kapelle (erste Einweihung 1536), bevor man 1515 mit dem Bau einer großen Kirche begann. Ab 1591 wurde sie von Franziskanern, ab 1635 von Serviten betreut. Das Äußere der Pfarr-, Wallfahrts- und Klosterkirche ist bestimmt durch den fünfgeschossigen spätgotischen Westturm (Bartlmä Firtaler) mit barockem Zwiebelhelm und dem von Strebepfeilern gestützten Langhaus und Chor, die beide in der Barockzeit erhöht wurden. Das Innere wurde nach zweimaligem Brand der Kirche um 1730 und nach 1736 einer barocken Erneuerung unterzogen. Im Langhaus und Chor wurden die Wände durch Pilaster untergliedert und ein Tonnengewölbe mit Stichkappen eingezogen, dieses durch J. Hanibal Venturi mit reichem Stuck aus Bändern und Ranken überzogen und von Jakob Delaio mit 17 Bildern ausgestattet (darunter ein Gnadenbild, die Madonnenerscheinung an Helena, Maria erscheint sechs Stiftern des Servitenordens u. a.). Innerhalb dieses festlichen Raumes sind auch die Altäre reich gestaltet. Am Hochaltar, dessen schlichter Aufbau das 1834 von Cosroe Dusi geschaffene Bild umrahmt, besticht vor allem der breitgestreckte 1749 entstandene Tabernakel mit den reichen Beschlägen aus getriebenem Silber und vergoldetem Kupfer. Sein Mittelteil dient zugleich als Konsole für die spätgotische, um 1515 barock bekleidete Gnadenstatue der Pietà mit kleinproportionierter Christusstatue am Schoß. Die beiden Seitenaltäre mit der Darstellung des hl. Lukas und einer Pietà verfügen über eine kühle, zurückhaltende Farbmarmorierung in grau und braunviolett. Im Südosten der Kirche schließt das 1593 erstmals errichtete, mehrfach ausgebaute Klostergebäude (mit umfangreicher Votivbildsammlung) an.

Maria Rain/Žihpolje (Pfarr- und Wallfahrtskirche Mariä Himmelfahrt)

Die 927 erstmals erwähnte Kirche wurde 1144 an das Zisterzienserstift Viktring übergeben und 1313 mit der heutigen Namensgebung bezeichnet. Der Umbau erfolgte von 1445–1456, die ehemalige Kirche besaß nur einen Turm. Die Barockisierung (1696) umfasste die Verlängerung des Baues nach Osten, die Errichtung des Chores in Kleeblattgrundrissform und schließlich den für eine barocke Wallfahrtskirche nahezu verpflichtenden Bau des zweiten Turmes (1717). Um 1660 kam es zu barocken Einbauten wie jener der Mariengrabkapelle oder der Heiliggrabkapelle (kunstvoll geschmiedetes Eisengitter, lebensgroß liegender Christuskorpus, Bild des Himmelfahrtschristus und die originelle barocke Figurengruppe »Heiliger Wandel« –

Pfarramt Maria Rain
Einsiedlerweg 1
9161 Maria Rain
Tel.: 04227/84238
e-mail: pfarramt.mariarain@aon.at

Maria, Josef und der Jesusknabe bei der Rückkehr vom siebenjährigen Aufenthalt in Ägypten. Die Innenausstattung wird vom mächtigen Hochaltar (1694) beherrscht. Er enthält die Statue der »Gnadenmadonna mit Kind« aus der 2. Hälfte des 15. Jhs. In den Säulenzwischenräumen wird sie von vier Skulpturen männlicher Heiliger (die beiden Johannes, Bernhard von Clairvaux und hl. Benedikt) umgeben. Das Aufsatzbild des über einer Wolkenbank thronenden Gottvaters stammt von Ferdinand Steiner (Lehrer Fromillers), dem auch die im Langhaus angebrachten Apostelbilder zugeschrieben werden. Die 1709 von Abt Johann Moser (Stift Viktring) gestiftete Kanzel enthält an der Brüstung in einem breitovalen Bild die Szene der Predigt Johannes des Täufers. Besonderes Objekt der Verehrung ist neben der Marienstatue des Hochaltares eine Monstranz mit der Blut-Christi-Reliquie. Hauptwallfahrtstage sind der 1. und 5. Sonntag nach Ostern, zudem der 15. August und der 8. September.

Maria Saal (Mariä Himmelfahrt)

Eine erste Kirche wurde vermutlich durch Chorbischof Modestus in der 2. Hälfte des 18. Jhs. errichtet und war bis 945 Bischofskirche. Der heutige gotische Neubau wurde von 1430-1459 wahrscheinlich über dem Grundriss des romanischen Vorgängerbaues errichtet, wobei die gotisch ausgestattete hohe Doppelturmfassade (1699 mit barocken Helmen versehen) an romanisches Westwerk gemahnt. An der südlichen Außenwand der Kirche sind zahlreiche römische Reliefs und spätgotische Grabsteine angebracht. Davor steht im südlichen Kirchhof die wohl schönste gotische Lichtsäule Kärntens (1497) mit gedrehtem Schaft. Der basilikale dreischiffige Innenraum mit deutlich abgesetztem mächtigen Chor präsentiert sich als einer der prachtvollsten gotischen Innenräume Kärntens (großartige Deckenbemalung, gotische Wandmalerei-

Pfarramt Maria Saal
Domplatz 1
9063 Maria Saal
Tel.: 04223/2254
Fax: 04223/2254-9
e-mail: pfarramt@carinthia.com

K **Kulturveranstaltungen im »Haus**
der Begegnung«
Tel.: 04223/2254

en des Chores – Dreikönigszug, bethlehemitischer Kindermord, Flucht nach Ägypten – gotische Deckenmalereien des Chores und über dem Sakristeiportal die »Errettung Petri« von H. Böckl, 1928). Der zweigeschossige Hochaltar von 1714 birgt in der Mittelnische die vor einen Strahlenkranz gesetzte gotische Madonna mit Kind (um 1420). Bemerkenswert sind auch die Kanzel (Johann Pacher), die plastische Gruppe des hl. Nepomuk in der Glorie (beides um 1747) und die Orgel mit prachtvollem Prospekt (1730). In den Seitenchören stehen zwei gotische Altäre; nördlich der Arndorfer Altar mit der Marienkrönung im Aufsatz, südlich der aus St. Georgen am Sandhof stammende Flügelaltar mit dem Drachenkampf des hl. Georg im Relief. Von den vielen Kapellen sei die Sachsenkapelle (Kreuzaltar mit gotischer Kreuzigungsgruppe, Modestussarkophag unter einem romanischen Tischaltar) genannt. Die Propsteipfarr- und Wallfahrtskirche wird noch heute von einer mächtigen Wehranlage mit Karner umgeben.

Maria Waitschach
(Unsere Liebe Frau)

Die Pfarr- und Wallfahrtskirche (1390 und 1420 urkundlich genannt) zählt aufgrund ihrer Lage mit zu den »Höhenbasiliken« Kärntens (neben Hochfeistritz und Magdalensberg). Sie wurde als einheitlicher Bau ab 1447 bis Ende des 15. Jhs. errichtet. Das Langhaus ist von Pfeilern mit Giebelbekrönung und hohen Maßwerkfenstern untergliedert und trägt über dem Giebel der Westfassade einen besonders kunstvoll gestalteten achteckigen Dachreiter mit doppelter Kielbogenkrone um den Helm. Der schlanke Chor verfügt im östlichen Dachbereich über einen Wehrerker (ehemals wehrhafte Ausstattung). Man betritt den hellen dreischiffigen Hallenraum über ein gestuftes von zwei Filialtürmchen umgebenes Spitzbogenportal. Im Chor stehen ein gotisches, steinernes Sakramentshäuschen und der barocke zweigeschossige Hochaltar (ca.1670). Dieser

Pfarramt Hüttenberg
Reiftanzplatz 12
9375 Hüttenberg
Tel. und Fax: 04263-227
www.dekanat-krappfeld.at
e-mail: pfarre-huettenberg@dekanat-krappfeld.at

birgt in seinem Schrein die gotische, in einen barocken Strahlenkranz eingebundene Gnadenstatue der thronenden Madonna mit Kind (um 1440). Eine besondere Bedeutung kommt dem 1626 von den Landständen gestifteten Landschaftsaltar (in der Schreinnische theatralisch inszeniertes Verkündigungsgeschehen) zu. Von der weiteren Ausstattung seien der schwarz-gold-gefasste Jakobusaltar von 1668 und die Kanzel von 1743 genannt, als Einzelobjekte ein volkstümlich originelles Monumentalbild des Jüngsten Gerichtes (E. 17. Jh.) sowie ein Votivbild mit einem Stadtplan von Judenburg von 1756. Eine der traditionsreichsten Wallfahrten nach Maria Waitschach ist die der Judenburger, die seit 1583 alle drei Jahre stattfindet.

Pfarramt Maria Wörth • Pfarrplatz 1 • 9082 Maria Wörth
Tel.: 04273/2289 • Fax: 04273/2289-4

Maria Wörth
(hll. Primus und Felician)

Um die Mitte des 12. Jhs. wurde vom Geschichtsschreiber und Bischof Otto von Freising eine Propstei begründet. Dies könnte der Anlass für den Neubau einer Kirche gewesen sein, denn eine Erstgründung war bereits im 9. Jh. erfolgt (1155 Einweihung, kurzzeitig im Besitz des Georgsritterordens, 1598 Jesuitenorden, 1773 Benediktiner von St. Paul). Das Kirchenensemble setzt sich aus der Pfarr- und ehemaligen Stiftskirche, der kleineren Winterkirche sowie einem romanischen Karner zusammen. Man betritt die Pfarrkirche an der Südseite durch ein romanisches Rundbogenportal (um 1150) und steht quer zu dem zweischiffigen kreuzgratgewölbten Langhaus. An seiner Nordwand ist der prachtvolle Kreuzaltar mit spätgotischem Kruzifixus angebracht. Erst an zweiter Stelle wendet sich der Blick dem langgestreckten, sternrippengewölbten und durch die darunter befindliche Krypta stark erhöhten Chor zu. Der in blau-gold-gefasste Hochaltar stammt von 1658 und zeigt in der Mittelnische die spätgotische Gnadenstatue einer thronenden Maria mit Kind (um 1460), außen umgeben von den Statuen der Kirchenpatrone Primus und Felician. Einen Höhepunkt barocker Schnitzarbeit stellt die reich ausgestattete Kanzel von 1761 dar. Die Winter- oder Rosenkranzkirche wurde 1996 restauriert und verdankt ihre Bedeutung den Wandmalereien (aus dem 12. und 14. Jh.) im Chor, der Glasmalerei von 1420, einer Madonnenstatue von 1444 und der expressiv gestalteten Beweinungsgruppe (um 1500). Seit ihrer Restaurierung im Jahr 1996 sind die aus dem 17. Jh. stammenden drei Altäre wieder aufgestellt.

Pfarramt Metnitz • Marktplatz 7 • 9363 Metnitz
Tel.: 04267/251

K Metnitzer Totentanzmuseum • Tel.: 04267/251 oder
0664/8751797 • e-mail: totentanz@metnitz.at
www.metnitz.at/totentanz

Metnitz (hl. Leonhard)

Die Kirche, bereits 1041 und 1123 als Pfarrkirche bezeichnet, wird 1131 an das Bistum Gurk übergeben. In der 2. Hälfte des 15. Jhs. wurde sie mit einer Wehranlage umgeben. Das heutige Erscheinungsbild zeigt einen mächtigen Nordturm mit Zwiebelhelm (klassizistisch), ein schlichtes Langhaus, das an der Südseite mit einem gotischen Christophorusfresko ausgestattet ist und einem Chor, dessen kleine Spitzbogenfenster mit tiefer Leibung eine Entstehungszeit im 14. Jh. verdeutlichen. Im Inneren der Kirche sind an den Rundpfeilern und an den Wänden die bewegt posierenden Apostelgestalten des Balthasar Brandstätter (Mitte des 18. Jhs.) zu bewundern, ebenso die Kanzel mit der Reliefdarstellung des wunderbaren Fischfangs (ca. 1760 von Johann Nischlwitzer). Der Hochaltar (ebenfalls von B. Brandstätter) ist reich mit Statuen und einem um 1750 geschaffenen Bild des schwebenden hl. Andreas in der Glorie (von J. F. Fromiller) ausgestattet. Im kreuzrippengewölbten Chor haben sich romanische und gotische Wandmalereien erhalten (Evangelistensymbole, Marienkrönung, Christus Pantokrator, Beweinungsszene u. a.).

Der achteckige gotische Karner im Südosten der Kirche verdankt seine überragende Bedeutung der um 1500 entstandenen Totentanzdarstellung, die in gemalten Streifen mit Ausnahme des Chörleins ursprünglich den gesamten Außenbau umzog und 28 Figurenpaare umfasste, in denen der Tod in tanzender Pose ein Horn blasend oder die Trommel rührend Menschen unterschiedlichen Alters und Standes zum Mitgehen einlädt. Die um 1970 abgenommenen Originaldarstellungen befinden sich seit 1996 im nahen Totentanzmuseum.

50 Pfarramt Millstatt • Stiftsgasse 3 • 9872 Millstatt
Tel.: 04766/2147

K Museum im Stiftsgebäude • Tel.: 0676/4606413, Fr. Zeininger
www.buk.ktn.gv.at/stiftmusmill

K Musikwochen Millstatt • Tel.: 04766/2022-35
www.buk.ktn.gv.at/millstattmusik
e-mail: musikwochen.millstatt@carinthia.com

Millstatt (Christus Salvator)

Wie Ossiach und St. Paul zählt auch Millstatt (um 1070) zu den im 11. Jh. gegründeten Benediktinerstiften. Sehr bald entwickelte es sich zu einem kulturell-geistlichen Zentrum und beherbergte eine bedeutende Schreib- und Malschule (Millstätter Genesis u. a.). Im Jahre 1469 kam das Stift an den Georgsritterorden und wurde wehrhaft ausgebaut, 1598 an den Jesuitenorden, dem die barocke Neuausstattung der Kirche zu danken ist. Anschließend wurde die Stiftskirche zur Pfarrkirche. Der romanische dreischiffige Bau ist mit einer mächtigen Zweiturmwestfassade ausgestattet. Innerhalb der Kirchenvorhalle mit Wandmalereien des Friedrich von Villach von 1428 stellt das fünffach gestufte Gewändeportal mit der Christus- und Stifterdarstellung im Tympanon einen ersten Höhepunkt dar. Das Innere der Kirche wurde um 1520 (zur Zeit der Georgsritter) mit mehrfarbig getönten Sternrippengewölben (überreicher Bestand an Wappenschlusssteinen) eingedeckt. Um diese Zeit entstand auch das bedeutende Weltgerichtsfresko von Urban Görtschacher, das 1966 in den Innenraum übertragen wurde. Die Ausstattung gehört größtenteils dem Barock an. Beherrschend ist dabei der 1648 geschaffene Hochaltar in schwarzgoldener Fassung mit dem Hauptbild der Dreifaltigkeitsverehrung (1825). Seitenaltäre und Kanzel werden in die Zeit um 1770 – 1773 datiert. Von den Kapellen seien jene der beiden Hochmeister Johann Siebenhirter (gest. 1508) und Johann Geumann (gest. 1530), deren kunstvoll gestaltete Grabdeckplatten sie in Ritterrüstung zeigen, gesondert erwähnt, ebenso aber auch die Domitianskapelle zu Ehren des legendären Gründers von Millstatt mit einem prunkvollen Barockaltar. In der Fastenzeit hängt vor dem Hochaltar das 1593 von Oswalt Kräusel in gotischer Tradition geschaffene zweitgrößte Fastentuch Kärntens. Im Süden des Kirchenlanghauses ist der für eine Stiftskirche unverzichtbare Kreuzgang mit reicher skulpturaler Ausstattung aus der Zeit um 1200 erhalten geblieben.

Pfarramt Molzbichl • Molzbichl 5 • 9701 Rothenthurn
Tel.: 04767/225 oder über 04245/3087 (St. Paul ob Ferndorf)

K Museum Carantana • Tel.: 04767/666 • www.spittal-drau.at/carantana • e-mail: Carantana@utanet.at

Molzbichl (hl. Tiburtius)

Ihre besondere Bedeutung verdankt die Pfarrkirche den in ihr entdeckten Grundrissen der ältesten mittelalterlichen Klosterkirche Kärntens (Ende des 8. Jhs.). Zu ihrer Ausstattung gehörten Reliefplatten von Chorschranken und Ambo und schließlich als Höhepunkt der im barocken Altartisch entdeckte Inschriftstein, der den Namen des hl. Nonnosus und den Hinweis auf die 533 erfolgte Reliquienbeisetzung enthält. Der heutige Kirchenbau gibt sich in seinem Äußeren mit schlichtem Langhaus, breiten Fenstern und grauer Eckquaderbemalung als im Kern romanischer und barock veränderter Bau mit mächtigem Nordturm zu erkennen. Über dem gotischen Südportal haben sich zwei gotische Wandbilder um 1400, eines mit der Wiedergabe der Schutzmantelmadonna, begleitet von Johannes dem Täufer und dem hl. Georg, das zweite mit der eines hl. Bischofs (ev. Nonnosus), erhalten. Der kleine barocke Hochaltar im Inneren der Kirche ruht auf dem gemauerten Altartisch, in den die bereits angesprochene Inschriftplatte mit dem Hinweis auf Nonnosus vorderseitig eingebaut ist. Der Altar zeigt sich als qualitätvolles Werk (Anfang 18. Jh.), in dem je zwei Säulen eine breit gesprengte Gebälkzone tragen und in ihren Zwischenräumen die schlank proportionierten barocken Statuen der hll. Bischöfe Rupert und Wolfgang umgeben. Das Aufsatzbild gibt die Marienkrönung, das Mittelbild den als Diakon charakterisierten hl. Tiburtius (1886 durch Josef Veiter geschaffen) wieder. Weitere Bilder des Klagenfurter Künstlers Veiter sind in den Seitenaltären zu finden (M. Immaculata und Herz Jesu). Die Kanzel stammt von 1781.

Im Museum Carantana bzw. im Pfarrhofsalettl wird seit 1991 ein reichhaltiges Repertoire an archäologischen Fundstücken aus der vorkarolingischen Kirche und dem dazugehörigen Kloster präsentiert.

52 Pfarramt Moosburg • Gaisrückenstraße 2
9062 Moosburg • Tel.: 04272/83604

Moosburg (Pfarrkirche hll. Michael und Georg)

Die Kirche wurde urkundlich 1386 erstmals genannt, 1479 im Zuge eines Türkeneinfalls schwer beschädigt und im letzten Drittel des 18. Jhs. umgebaut (Umorientierung und Ausbau zur Westseite hin). Man betritt das Innere über eine große Vorhalle (ehemaliger Chor) durch ein kunstvoll geschmiedetes Barockgitter, bevor man im breitgestreckten Saalraum mit Tonnen- und Kreuzgratgewölbe steht. Die Gewölbemalereien haben aufgrund von Bränden (1872 und 1908) ihr authentisches barockes Aussehen nur teilweise bewahrt (so z. B. das Abendmahlsbild). Der Hochaltar (1781) enthält im Hauptbild die Wiedergabe des heiligen Michael im dramatischen Kampf mit der zu seinen Füßen sich aufbäumenden Teufelsgestalt, außen begleitet von je zwei Heiligenstatuen (Petrus und Paulus, Johannes Ev. und Andreas). Im Aufsatz ist die Skulpturengruppe der Marienkrönung (alle Skulpturen von Josef Mayer aus Klagenfurt) angeordnet. Die hoch und schlank proportionierten Seitenaltäre enthalten in den Nischen die Statue des hl. Josef mit Kind und den über einer Wolkenbank schwebenden hl. Nepomuk in der Glorie. Mit zum einheitlichen Bestand der Kirche zählen der an der hinteren Südwand angebrachte Kreuzaltar und die prächtige Kanzel mit den kunstvollen Flachreliefs (Wiedergabe des predigenden Jesusknaben im Tempel, die Szene der Begegnung von Magdalena und Christus am Ostermorgen und die Schlüsselübergabe an Petrus). Aus dem reichen Bestand an Grabsteinen sei jener in der Vorhalle erwähnt, der in strengen Formen der Renaissance (Martin Pacobello) ausgeführt ist und im Relief das differenziert geschilderte Hüftbildnis des Ulrich Ernau, gest. 1607, enthält.

Möllbrücke (hl. Leonhard)

Der 1446 erstmals urkundlich genannte Bau wird 1473 als Filialkirche von Pusarnitz bezeichnet und hatte noch 1615 fünf vermutlich gotische Altäre. Der schlichte, einheitlich gotische Bau wird am Langhaus von nur vier Pfeilern abgestützt. An den gotischen Chor ist nordseitig der Turm angebaut. Der Innenraum weist eine lebendige Gestaltung auf, die er vor allem der intensivfarbigen Sternrippenwölbung (um 1473) im Langhaus verdankt. Von ornamentaler Wirkung ist die Emporenbrüstung aus durchbrochenem Maßwerk (diagonal angeordnete Fischblasen). Etwas bescheidener ist die Kreuzrippenwölbung des Chores, der jedoch den künstlerischen Höhepunkt der Kirche – den gotischen Hochaltar aus der »Jüngeren Spittaler Werkstatt« (um 1515) – beherbergt. In seiner Mittelnische steht die Figur des hl. Leonhard, flankiert von den hll. Sebastian und Rochus. An den geöffneten Flügeln sind vor Goldhinter-

Pfarramt Möllbrücke
10.-Oktober-Straße 37
9813 Möllbrücke
Tel.: 04769/2368
e-mail: gkühschweiger@aon.at

grund die Reliefdarstellungen der hll. Rupert und Virgil gesetzt, außen stehen die Schreinwächtergestalten Georg und Florian, im Aufsatzgesprenge der Schmerzensmann, umgeben von Maria und Johannes Ev. Zur weiteren gotischen Ausstattung zählen das Chorgestühl von 1507, die Skulptur des hl. Leonhard (1. Viertel des 15. Jhs.) und ein expressiver spätgotischer Kruzifixus (2. Hälfte 15. Jh.). Aber auch die barocken Seitenaltäre verfügen über eine beachtliche Qualität: der rechte (1. V. 18. Jh.) mit silbergefasster Rankenornamentik und dem Mittelbild der Madonnenerscheinung des hl. Antonius, der linke (1781, M. Überbacher) mit Rokoko-Ornamentik und dem Hauptbild der Vermählung von Maria und Josef. Aus derselben Zeit stammt die Kanzel mit sparsam angebrachter Rokoko-Ornamentik.

Obergottesfeld (Filialkirche St. Rupert)

Dieser romanische Bau aus dem 12. Jh. mit schlichtem Langhaus und eingezogener Rundapsis ist in schöner landschaftlicher Lage weithin sichtbar an einer Hangkuppe gelegen. Der schlichte Innenraum enthält im Apsisscheitel beeindruckende Wandmalereien, darunter die elementare Wiedergabe des Christus Pantokrator, der in einen mandelförmigen Regenbogenrahmen eingebunden ist und auf einem Regenbogen thront. Die eine Hand hat er zum Segensgestus erhoben, während er mit der anderen dem Betrachter ein geöffnetes Buch entgegen hält. Außen umgeben dieses Bild schwingende Rankengebilde und im unteren Bereich des Apsisgewölbes die in Tondis eingebundenen Evangelistensymbole. Die zarte und weiche Faltengebung des roten Kleides und des Überwurfmantels legen eine Datierung zu Anfang des 15. Jhs. nahe. Vor diese

Pfarramt Sachsenburg
Hauptstraße 14
9751 Sachsenburg
Tel.: 04769/2574 oder über
04712/321

Apsismalereien ist der gotische Flügelaltar (um 1515), der diese Kapelle besonders auszeichnet, gestellt. Er bietet an den geöffneten Schreinflügeln reizvolle Reliefdarstellungen aus dem Marienleben bzw. der Kindheit Christi, links die Verkündigung an Maria, rechts die Geburt Christi. Bei geschlossenen Schreinflügeln ist die gemalte Wiedergabe der Heimsuchung bzw. der Zusammenkunft von Maria und Elisabeth in fein modellierter Zeichnung zu sehen. Wiederum in Reliefform wird in der Predella der Marientod dargestellt, außen umgeben von den Bildern der auf die Geburt Christi vorausweisenden Propheten Daniel und Jesaia. Diesem geschlossenen Marienprogramm entsprechend stand im Schrein ehemals die Statue einer Madonna mit Kind, die jedoch im Jahre 1936 einem Diebstahl zum Opfer fiel. Heute steht an ihrer Stelle eine Gipsstatue des hl. Rupert.

Obervellach (hl. Martin)

Eine erste Kirche wird in der 2. Hälfte des 10. Jh. genannt, im 12. Jh. gelangt sie an das Erzbistum Salzburg (bis 1786). Der heutige Bau entstand zur Zeit der Hochblüte des Edelmetallbergbaues – Obervellach war Sitz des innerösterreichischen Oberbergbaumeisteramtes – von ca. 1480 bis 1516 durch den Baumeister Lorenz Rieder. Die Gestalt des monumentalen Baues wird außen von der Untergliederung durch hohe Strebepfeiler, die in breiteren Abständen das Langhaus, in dichterer Folge den Chor stützen und dem 7-geschossigen Turm an der Nordseite des Chores bestimmt. Man betritt die Kirche im Westen durch ein gestuftes Spitzbogenportal und gelangt in den breiten Saalraum des Langhauses mit Sternrippen- und in den Chor mit Netzrippengewölbe. Dort sind innerhalb von Dreipassflächen 21 Heiligenbüsten dargestellt. Des weiteren sind im Inneren der Kirche zu nennen: goti-

**Pfarramt Obervellach
9821 Obervellach 66
Tel.: 04782/2243**

sche Glasmalereien mit der Wiedergabe von Stiftern und Heiligen (1515), das 14 Nothelferbild mit Kreuzigungsdarstellung (1509), Heiligenstatuen (um 1520), eine »Madonna mit Kind« (um 1520), ein Ölbergrelief (Ende 15. Jh.) sowie die gemalte Darstellung des Jüngsten Gerichtes (1581). In der Nordkapelle steht der 1697 errichtete Altar, in den die vielfach gerühmten drei Bilder des Niederländers Jan van Scorel aus einem ehemaligen gotischen Flügelaltar eingebunden sind (Heilige Sippe, weitere Heilige, Passionsszenen, Wappen, Datierung von 1520). Der Hochaltar stammt von 1780 (Georg Zaderer) und zeigt im Hauptbild die Himmelfahrt Mariä. Die beiden Seitenaltäre sind um 1702 entstanden. Die Kanzel (1720) trägt am Korb innerhalb von Kartuschenrahmen die gemalten Medaillons der vier Evangelisten und des hl. Paulus.

Ossiach (Mariä Himmelfahrt)

Die Pfarr- und ehemalige Klosterkirche wurde über einem Vorgängerbau des 9. Jhs. im 1. Viertel des 11. Jhs. gemeinsam mit einem Benediktinerkloster, dem ältesten Kärntens, errichtet. Nach der Erholung von Türkenbedrohung (Teile der ehemaligen Wehrmauer sind noch erhalten) und Bauernaufstand im letzten Viertel des 15. Jhs. konnte sich das Stift bis zu seiner Aufhebung im Jahr 1783 gut behaupten. Das Äußere der Kirche ist gekennzeichnet durch eine schlicht gestaltete Westfassade, einen mehrfach erhöhten Vierungsturm, ein Querhaus sowie einen dreiapsidalen Ostabschluss. Das Kircheninnere der dreischiffigen romanischen Pfeilerbasilika wurde großteils erst unter dem überaus aktiven Abt Hermann Ludinger (1737–1744) in die heutige Gestalt mit der Einwölbung von Mittelschiff, Querhaus, Seitenschiffen sowie Chor gebracht und mit farbenfroher Stuckarbeit der

Pfarramt Ossiach
9570 Ossiach 1
Tel.: 04243/2280
e-mail: pfarreossiach@aon.at

K Musikfestival Carinthischer Sommer
Tel.: 04243/2510
Fax: 04243/2353
www.CarinthischerSommer.at
e-mail: Office@CarinthischerSommer.at

Wessobrunner Stuckateure versehen. Stuck umzieht in verspielten Formen Arkadenbögen, Kapitelle sowie Zwickelflächen und umrahmt schließlich die von J. F. Fromiller geschaffenen Fresken (ca. 1741-1744). Die Deckenbilder des Mittelschiffes zeichnen sich mit der Himmelfahrt Mariä, der hl. Katharina in der Glorie und dem Gottvater vor Kuppelillusion durch besondere Meisterschaft aus. Fromiller schuf auch die Seitenaltarbilder (links: Flucht nach Ägypten und rechts: Martyrium des hl. Sebastian). Der Hochaltar aus dem 4. Viertel des 17. Jhs. beinhaltet in der Mittelnische unter einem Kronenbaldachin eine klein proportionierte Madonnenstatue (17. Jh.), außen begleitet von den hll. Benedikt und Scholastika. In der sogenannten Taufkapelle hat sich als bedeutendes Dokument der ehemals gotischen Ausstattung ein Flügelaltar aus der »Villacher Werkstatt« erhalten. Zudem sei noch auf die reiche Ausstattung der Stiftssäle mit Wand- und Deckenmalereien von Fromiller hingewiesen.

Piesweg (hl. Lambert)

Die Pfarrkirche wird urkundlich 1124 und 1164 erstmals genannt. Diese hoch über Gurk gelegene Kirche gilt als Gründung des Benediktinerstiftes St. Lambrecht, gehörte im 15. und 16. Jh. wahrscheinlich zu Stift Admont, später zu Gurk (Domkapitel). Von außen zeigt sie sich als schlichter von gotischen Strebepfeilern abgestützter Bau mit eingezogenem Chor und angebautem Turm. Der Innenraum besteht aus einem Langhaus mit flacher Blendrahmenstuckdecke sowie aus dem kleinen polygonal geschlossenen Chor (Gewölberippen im 17. Jh. entfernt). Der Hochaltar enthält zwischen den geriffelten Säulen des Hauptgeschosses und innerhalb eines breiten Rahmens eine kleine Vitrinennische mit der Statuette der Mariazeller Gnadenmadonna in Kopie, außerhalb der Säulen von den Statuen des hl. Sebastian und des hl. Stefanus begleitet. Von den Seitenaltären verfügt der rechte mit 1647 datierte über

Pfarramt Pisweg
Pisweg 1
9342 Gurk
Tel.: 04266/8148

zwei rankengeschmückte Säulen, der linke über zwei geriffelte Säulen rings um die Mittelnische, in die die Statue der Madonna mit Kind bzw. die Statue des Christus Salvator gestellt ist. Als ein Dokument der Spätgotik hat sich über dem Triumphbogen ein gotischer Kruzifixus, umgeben von barocken Assistenzfiguren, erhalten. Über Chor und Langhauswände verteilt, sind weitere Barockstatuen über Konsolen angebracht. Eine große Bedeutung kommt dem an der Südseite der Kirche stehenden spätromanischen Rundkarner mit kleiner Apsis im Osten zu, denn er verfügt in seinem Inneren über einen nahezu vollständig erhaltenen Freskenzyklus (4. Viertel 13. Jh.). Dieser gibt im Zackenstil der Spätromanik Szenen aus der Schöpfungsgeschichte, der Kindheit und Passion Christi sowie schließlich innerhalb der bereits leicht aufgespitzten Apsis Christus Pantokrator in der Mandorla, außen von Engeln begleitet, wieder. Dazu kommen noch die Darstellungen auf- und niederschwebender Engel an den Gurtbögen.

58 Pfarramt Berg • 9771 Berg 3
Tel. und Fax: 04712/553

St. Athanas (Pfarre Berg/Drautal

1443 erstmals genannt, 1485 durch den Bischof v. Caorle neu geweiht, war der hl. Nonnosus bis ins 18. Jh. der Kirchenpatron dieser Filial- und ehemaligen Wallfahrtskirche. In ihrem Äußeren vermittelt die Kirche eine eigentümliche Gestalt. Diese ergibt sich aus der kontrastierenden Zusammensetzung des Baues: dem breiten, niedrigen, kleinen Langhaus und dem abrupt anschließenden, sehr hohen spätgotischen Chor, der sicherlich als erste Bauetappe einer großen Wallfahrtskirche gedacht war. Das Innere kennzeichnet ein flachgedecktes Langhaus mit teilweise freiliegendem Dachstuhl und ein leicht abgesetzter, hoher Chor mit zartem Netzrippengewölbe (Rankenmalereien, gemalte Apostel-, Heiligen- und Nothelferdarstellungen). Als weiteres Dokument gotischer Wandmalerei hat sich an der Nordwand des Langhauses der Rest einer ursprünglich ganzfigurigen Apostelreihe mit zentraler Christusgestalt erhalten, darüber ein Streifen einer um die Mitte des 16. Jhs. neuerlich angebrachten Apostelreihe. Der Hochaltar wurde 1666 von Georg Andre Graf von Kronegg, dem damaligen Landeshauptmann, und seiner Gattin gestiftet. Zwischen Weinrankensäulen beherbergt er in der Mittelnische die drei Statuen der hll. Athanasius (oder Nonnosus), Georg und Jakobus. Der aus dem Ende des 17. Jhs. stammende breitgestreckte Wandaltar mit kräftigem Akanthusdekor enthält in der breiten Mittelnische die gotische Statue des hl. Nonnosus. Beachtenswert ist die aus der 1. Hälfte des 18. Jhs. stammende Kanzel mit Apostelbildern am Korb. Eine beeindruckende Statue der über der Mondsichel aufstehenden Madonna mit Kind im Strahlenkranz aus dem 17. Jh. ist an der nördlichen Triumphbogenwand angebracht. Die Kirche verfügt auch über einen kleinen Bestand origineller Votivbilder.

St. Georgen am Längsee (hl. Georg)

Zwischen 1002 und 1018 wurde das Kloster als ältestes Frauenstift Kärntens gegründet (Stifterstein neben dem Eingang). Nach den Türkeneinfällen und den Reformationswirren erlebte das Stift im 17. Jh. einen Aufschwung. 1783 erfolgte die Aufhebung. Das Erscheinungsbild des Gebäudeensembles ist von dem 1698–1721 erfolgten dreistöckigen Ausbau bestimmt, wobei nur mehr im nördlichen Trakt sich ein doppelt geführter Arkadengang aus dem 15. Jh. erhalten hat. Der Kirchenbau teilt den großen Hof in zwei Teile. Der Turm stammt von 1676. Nach einer mit Stuck aus dem 17. Jh. ausgestatteten Vorhalle betritt man den in seiner Architektur nüchtern wirkenden Kirchenraum mit Kreuzgratwölbung. Nur das an der hinteren Südwand befindliche Kielbogenportal vom Ende des 15. Jhs. und das Grabrelief der Äbtissin Afra von Staudach von 1591

Pfarramt St. Georgen/Längsee
Schloßallee 1
9313 St. Georgen
Tel. und Fax: 04213/2183
e-mail: stromberger@bildungshaus.at

K Bischöfliches Bildungshaus
Tel.: 04213/2046
Fax: 04213/2046-46
www.bildungshaus.at
e-mail: office@bildungshaus.at

gemahnen noch an die vor der Barockisierung liegende Zeit. In der chorlosen Kirche dominiert der als hohe, geschlossene Schauwand konzipierte Hochaltar vom Ende des 17. Jhs. In seinem breiten Hauptgeschoss umgeben zwei gedrehte Säulen das Mittelbild mit dem effektvoll geschilderten Drachenkampf, in die breit gestreckten Säulenzwischenräume sind die Statuen der hll. Benedikt und Scholastika gestellt. Zwischen Aufsatzbild (hll. Nikolaus und Martin) und Hauptbild ist die plastische Gruppe einer über Wolken thronenden Madonna mit Kind eingefügt. Die vorderen Wandaltäre sind als Rahmenaltäre (um 1720) konzipiert. Ein kunstvoller Rahmen in Durchbruchschnitzerei umgibt beim einen den über einer Weltkugel sich erhebenden Kruzifixus, beim anderen die vor einen Strahlenkranz gesetzte Statue der Immaculata. Von den hinteren Altären enthält der linke die Wiedergabe der Dreikönigsanbetung (um 1706/07). Seit 1959 ist die Anlage im Eigentum des Bistums Gurk und wird heute als Bildungshaus geführt.

St. Helena am Wieserberg

Die Filialkirche St. Helena ist ein schlichter romanischer Saalbau mit abschließender Rundapsis und einem gotischen Südturm mit Satteldach. An seiner Ostseite befindet sich ein vom Langhaus übertragenes Christophorusfresko (Mitte 15. Jh.). Ihre überragende Bedeutung verdankt diese Kirche dem Umstand, dass sich in ihr einer der wenigen erhalten gebliebenen romanischen Wandmalereizyklen (weitere in Gurk und Pisweg) aus der 1. Hälfte des 13. Jh. befindet. Dieser erstreckt sich über den Triumphbogen und die Apsis und ist einem strengen, kompositorisch geometrischen Ordnungsprinzip unterworfen. In ihm bewirkt ein rotbrauner Streifenraster eine klare Aufgliederung in eine untere und obere Zone, in Einzelszenen, aber auch eine Umgrenzung architektonischer Teile wie Gurtbogen und Fensterleibung. Im Brennpunkt steht der über dem Regenbogen thronende und von einer

Pfarramt Grafendorf im Gailtal
Grafendorf 40
9634 Gundersheim
Tel.: 04718/359

Mandorla umschlossene Christus Salvator, in einer Hand das Buch des Lebens haltend, die andere zum Segensgestus erhoben, außen umgeben von breitgeflügelten Evangelistensymbolen. Über den Wandteil der unteren Apsis und über die Leibung des Triumphbogens erstreckt sich die von Petrus und Paulus angeführte Apostelreihe. Die Zwickel des Triumphbogens enthalten die Szenen des Kain- und Abelopfers, die daran anschließenden Rechteckfelder die thronende Maria mit Kind und die Kreuzigung. Die unteren Felder des Triumphbogens geben die Kaiserin Helena und Kaiser Konstantin sowie zwei weitere Heilige wieder. Vor die Langhauswände, an denen sich weitere Freskenreste unter der Tünche verbergen, wurden 1994 die vor längerer Zeit entfernten, mittlerweile restaurierten drei Barockaltäre des 17. Jhs., einer davon mit gotischer Statuette einer weiblichen Heiligen (Helena?), wieder angebracht. Die ungefasste intarsierte Kanzel stammt von 1682.

St. Oswald ob Bad Kleinkirchheim

Die Pfarrkirche bietet in ihrem Äußeren ein einheitlich gotisches Erscheinungsbild (bunte Eckquaderbemalung und Maßwerkfries unter dem Dachgesims, kleine Spitzbogenfenster, nordseitig angestellter Turm). Die Südfassade verfügt über spätgotische Malereien: an der Chorwand einen Christophorus (15. Jh.) und Wandmalereien über dem südlichen Eingangsportal, bestehend aus fünf Feldern innerhalb einer umgrenzten Rechteckfläche. Davon stellen die beiden oberen Bilder (1514) die Ölbergszene sowie die Kreuzigung Christi, die darunter gesetzten drei kleineren Bilder die Kreuztragung, die Kreuzigung und schließlich den Auferstandenen dar. Der Innenraum wird von dem spätgotischen Netzrippengewölbe und dem spitzbogigen Triumphbogen bestimmt. Diesem ist die Skulpturengruppe eines gotischen Kruzifixus mit den Assistenzfiguren Ma-

**Pfarramt St. Oswald
ob Bad Kleinkirchheim**
St. Oswald 3
9546 Bad Kleinkirchheim
Tel. und Fax: 04240/215

ria und Johannes Ev. (2. H. 15. Jh.) vorgesetzt. Die übrige Ausstattung wird vom Barock bzw. den frühbarocken Altären aus dem 17. Jh. beherrscht. An dominanter Stelle steht der schwarz-gold-gefasste Hochaltar, der in seinem Hauptbild den hl. Oswald mit einem Bischof zu Tische sitzend und Speisen an die Armen verteilend wiedergibt. Beide Seitenaltäre verfügen über Spiralsäulen, Rundbogenaufsatz und kunstvoll geschnitzte Schleierbretter und Bandwerk, der linke Seitenaltar beherbergt in seiner Schreinnische die hochbarock bewegte Statue des hl. Oswald im Strahlenkranz (M. 18. Jh.), der rechte Seitenaltar den hl. Antonius Eremita in Predigtpose. Als Sensation präsentiert sich an der Innenwand der Sakristei (ehemals Choraußenwand) die innerhalb Kärntens älteste Wiedergabe (aus dem 14. Jh.) eines Feiertagschristus, d. h. eines Leidensmannes, umgeben von Werkzeugen der am Sonntag verbotenen Tätigkeiten.

St. Paul/Lavanttal (Benediktinerstifts- und Pfarrkirche)

Im Jahre 1091 gegründet, erfolgte der Bau der heutigen Pauluskirche erst in den Jahren 1159–1192 (Vollendung Anfang des 13. Jhs.). Nach Jahren der Misswirtschaft kam es erst unter Abt Hieronymus Marchstaller (1616–1638) zu einer Blüte des Stiftes sowie zu einem großzügigen Ausbau (1782 Aufhebung des Klosters, ab 1809 Wiederbesiedlung). Die Kirche trägt alle Charakteristiken eines repräsentativen romanischen Baues: die monumentale Doppelturmfassade, das basilikal gestaffelte Langhaus, im Osten ein kraftvoll sich absetzendes Querschiff, dort und im Chor die Apsiden. Das »romanische« Südportal wurde erst zu Anfang des 16. Jhs. aus Teilen des alten Lettners zusammengefügt und im Tympanon mit dem Dreikönigsrelief versehen. Das Trichter-

Stiftspfarre St. Paul/Lav.
Hauptstraße 1
9470 St. Paul
Tel.: 04357/2019-54
Fax: 04357/2019-58
http://members.carinthia.com/
stiftspfarre.stpaul
e-mail: stiftspfarre.stpaul@carinthia.com

portal (ca. 1260) der Westfassade zeigt im Tympanon die Reliefwiedergabe des thronenden Christus Pantokrator. Der basilikal gestaffelte Innenraum ist mit zahlreichen Gewölbemalereien (Evangelistensymbole, Dreifaltigkeit, Heilige, Apostel u.a.) versehen. Das bekannte Stifterfresko aus der Hand des Thomas von Villach entstand 1493 (mit Selbstporträt des Künstlers). Die äußerst qualitätvolle Altarausstattung ist barock. Der Hochaltar stammt von 1705 und ist reich ornamentiert. Aufwendiger gestaltet als dieser sind jedoch die beiden Ph. J. Straub zugeschriebenen Seitenaltäre (um 1775). Die Kanzel (um 1760/70) wird Michael Zill zugeschrieben. Zum Bestand der Kirche zählt ein reiches Repertoire an Grabsteinen. Die gotische Kapelle – nach dem Stifter Rabensteiner benannt – hat 1985 eine Umgestaltung durch zeitgenössische Künstler erfahren. Unerlässlich ist der Hinweis auf die reich bestückte Bibliothek und vor allem auf das Stiftsmuseum mit äußerst kostbarem Kunstbestand.

63 Benediktinerstift St. Paul/Lav. • Hauptstraße 1
9470 St. Paul • Tel.: 04357/2019-54 • Fax: 04357/2019-58
www.stift-stpaul.at • e-mail: stiftspfarre@stift-stpaul.at
K Stiftsmuseum und Ausstellungen
Tel.: 04357/2019-22 • Fax: 04357/2019-23
www.stift-stpaul.at • e-mail: stiftspfarre@stift-stpaul.at
K St. Pauler Kultursommer • Tel.: 04357/2019-54 • Fax: 2019-58
members.carinthia.com/stiftspfarre.stpaul
e-mail: stiftspfarre@stift-stpaul.at

St. Paul/Lavanttal (Stiftssammlungen)

Die ehemaligen Repräsentationsräume im Westtrakt des Stiftes dienen heute als Areal des Stiftsmuseums, das in seiner Bedeutung zu einen der wertvollsten privaten Sammlungen Österreichs zu zählen ist (»Schatzhaus Kärntens«). Drei Säle sind mit bemerkenswerten Kassettendecken um 1620 ausgestattet. Auf einer Gesamtfläche von fast 3000 m² wird ein reicher Kunstobjektbestand vom 12. bis ins 18. Jh. gezeigt: Malerei (Gemälde von Rubens, van Dyck, Dürer, Holbein, Veronese, Piazetta, Troger und Kremser Schmidt), Skulpturen, textile Kunst (Paramente), Kunsthandwerk (Kelche, Monstranzen, Silber- und Goldschmiedearbeiten, zentrales Stück ist das Reichskreuz König Rudolfs von Schwaben, das sogenannte »Adelheidkreuz«), Grafiken, Holzschnitte, Kupferstiche und eine Münzsammlung, die mit 30.000 Münzen und Medaillen eine der größten Sammlungen dieser Art ist. Die alte Stiftsbibliothek wird ins Jahr 1683 datiert und weist einen großen Bestand an Büchern, Druckwerken, Handschriften und Fragmenten auf. St. Paul hat das älteste Buch Österreichs aus dem 5. Jh., das erste Druckwerk Gutenbergs von ca. 1450, zahlreiche Fragmente als Beispiele des Minnesangs (Hartmann von Aue »Iwein«, Wolfram von Eschenbach »Willehalm« u. a.), eine Kapitularien- und Volksrechtsammlung aus dem 9. Jh. und den berühmten Ramseypsalter aus dem 13. Jh. als schönes Beispiel prachtvoller Buchillustration.

Der heutige Schauraum der Bibliothek ist mit einer Deckenmalerei aus dem Jahre 1683 ausgestattet, die nach dem Vorbild astronomischer Malerei des 16. Jhs. entstanden ist. Dargestellt sind die Tierkreiszeichen, die Jahreszeiten und die Himmelswinde.

64 Pfarramt St. Peter in Holz • St. Peter 1 • 9811 Lendorf
Tel.: 04762/2135 oder über 7130 (Baldramsdorf)

K Archäologisches und frühchristliches Museum Teurnia
Tel.: 04762/33807 oder 0463/536-30554
www.buk.ktn.gv.at/landesmuseum/Teurnia.htm

St. Peter in Holz
(Pfarrkirche)

Die im 11. Jh. erstmals genannte Kirche besteht aus einem Langhaus mit später angebauter Vorhalle, einem eingezogenen polygonalen Chor ohne Strebepfeiler und einem mächtigen Nordturm. Ihre einst größere Bedeutung erahnt man, wenn man die offene Vorhalle betritt und die gotische Freskenwand um das spätgotische Eingangsportal vom Anfang des 16. Jhs. erblickt. Man sieht in Bordürenumrahmung zur Linken die monumentale Gestalt des hl. Christophorus mit geschultertem Jesuskind (um 1420) und im Mittelbild die Gestalt der Madonna mit Kind, umgeben von vier Heiligengestalten (um 1420). Erst um 1510 dürften die rechts anschließenden Darstellungen des Marientodes und der Krönung Mariä entstanden sein. Das Langhaus wurde vor 1430 nach Westen hin erweitert, bevor es im 16. Jh. eingewölbt wurde. Dadurch, aber auch durch den Ausbruch der Bogenöffnung zur Athanasiuskapelle des 18. Jhs. hat der an der Nordwand befindliche Freskenzyklus aus dem 14. Jh. (Szenen aus der Kindheitsgeschichte und der Passion bis zur Auferstehung Christi, Dorotheenlegende, Jüngstes Gericht) deutliche Verluste erlitten. Weitere Wandmalereien zieren die netzrippengewölbte Decke. Der Hochaltar (von Peter Sedlmayr 1699) ist mit geschnitztem und goldgefasstem Knorpelrankenwerk versehen und enthält in seiner Mittelnische die Statue des hl. Petrus. Die Seitenaltäre geben in den Hauptbildern die Kreuzigung und die hll. Sebastian und Rochus wieder, der Altar in der Seitenkapelle die Statue des hl. Athanasius. Als Einzelobjekt sei die an der Nordwand über einer Konsole angebrachte, äußerst qualitätvolle gotische Pietàstatue (um 1420) erwähnt.

Stadtpfarramt St. Veit • Kirchplatz 1 • 9300 St. Veit /Glan
Tel.: 04212/2287

St. Veit an der Glan (hl. Veit und Heiligste Dreifaltigkeit)

Diese im 11. Jh. erstmals genannte Kirche dürfte wohl in der Glanzzeit der Herzogsstadt im 1. Viertel des 13. Jhs. als repräsentativer Bau errichtet worden sein (weitere Baumaßnahmen im 15. Jh.). Die Stadtpfarrkirche präsentiert sich heute mit einem breiten, von Strebepfeilern gestützten Langhaus, dem gotischen Chor und schließlich einem mächtigen Chorturm. 1891 war das romanische Gewändeportal (Anfang des 13. Jhs.) mit der Darstellung des Lamm Gottes, begleitet von Löwe und Adler, im Tympanon historisierend erneuert worden. Eine gotische Totenleuchte und der romanische Rundkarner (darin spätgotischer Kruzifixus) gemahnen an das ehemalige Vorhandensein eines Friedhofs. Der dreischiffige Innenraum verrät in seiner basilikalen Staffelung und in den mächtigen Arkadenpfeilern romanischen Charakter. Der im 14. und 15. Jh. gotisch eingewölbte Innenraum enthält im Mittelschiffgewölbe zarte florale und figurale Malereien (um 1450) und an die Chornordwand übertragene gotische Freskenbilder. Seit 1958 ist die Ausstattung einheitlich barock, denn damals setzte man an die Stelle des neugotischen Hochaltares den aus der nördlichen Seitenkapelle stammenden Marienaltar in geschwungenem Draperieaufbau (Johann Pacher 1752). Dem St. Veiter Altarbauer und Bildhauer werden auch die Kanzel (urk. 1734) und der Kreuzaltar mit gotischem Pietàrelief im Altartisch in der nördlichen Seitenkapelle zugeschrieben. In der südlichen Seitenkapelle ist eine frühgotische Gussteinskulptur einer Madonna mit Kind beachtenswert. Vor dem Verlassen der Kirche empfiehlt sich ein Blick auf den um 1715 geschaffenen prachtvollen Orgelprospekt.

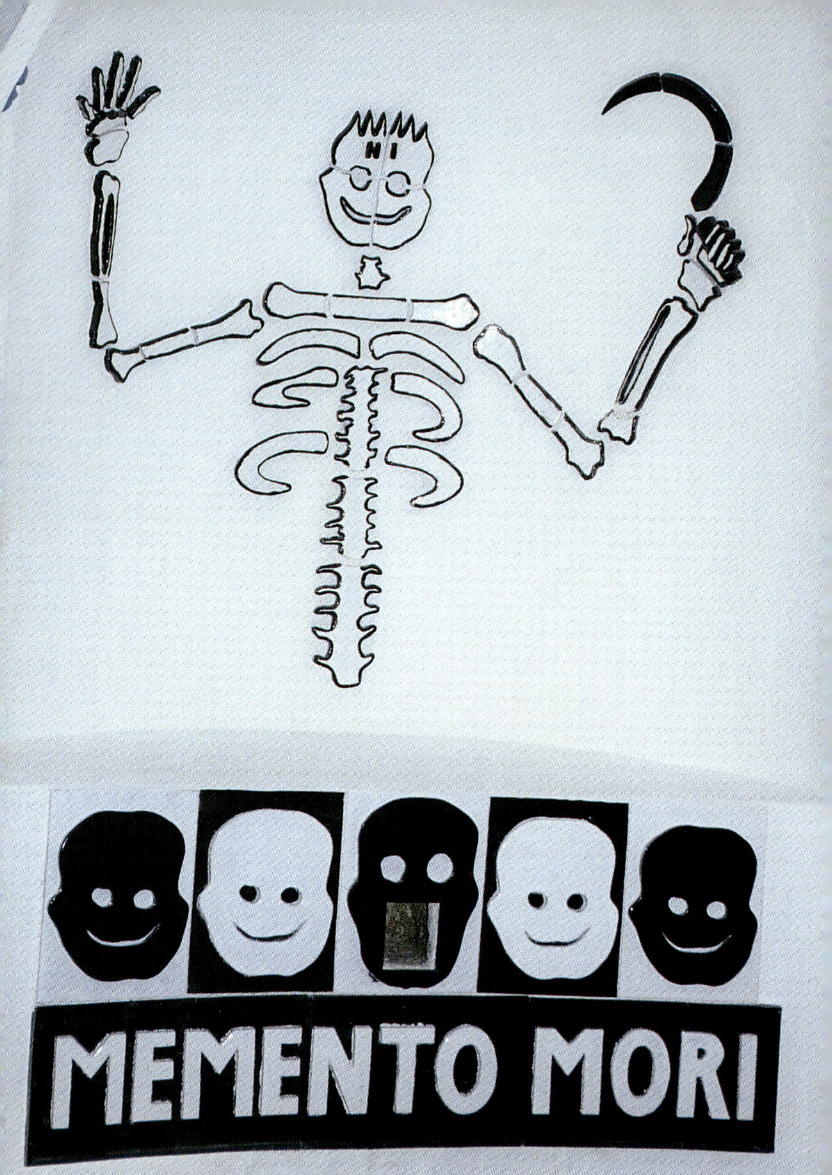

66

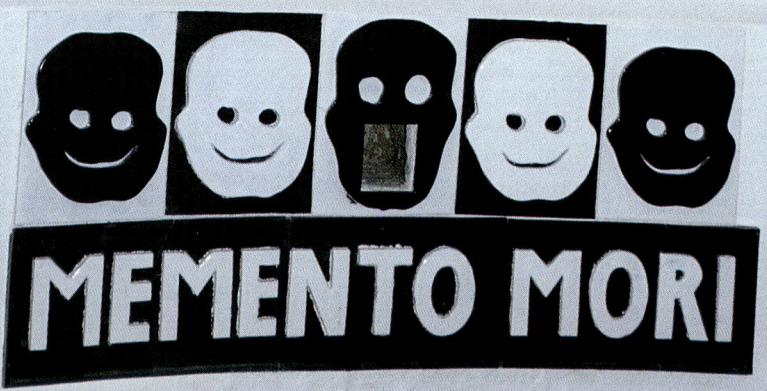

Pfarramt St. Kanzian • Kirchweg 1 • 9122 St. Kanzian
Tel.: 04239/2229 • Fax: 04239/2229-4

Stein im Jauntal/Kamen v Podjuni (hl. Laurentius)

Bischof Albuin von Brixen bekam von seiner Mutter Hildegard das Gut Stein geschenkt und vermachte es seinerseits dem Bistum Brixen. Laut Legende soll Hildegard hier begraben worden sein. Die aus einer Burgkapelle hervorgegangene Kirche wird erstmals 1238 im Zusammenhang mit einem Wundergeschehen in der Kirche erwähnt und war bereits damals mit pfarrlichen Rechten ausgestattet. Sie kam in unterschiedliche Hände, bevor sie um 1512 an Eberndorf übergeben wurde. Durch ihre exponierte Lage am Rand eines Felskegels ist die Pfarrkirche weithin sichtbar. Ihr Äußeres besteht aus dem schlichten Langhaus, an das im Osten eine große romanische Apsis anschließt, und dem hohen nordseitig angebauten und wehrhaft ausgestatteten gotischen Turm mit spitzem Helm. Um die Kirche haben sich Reste einer mittelalterlichen Wehrmauer und eine Burg, die bis in die 1. Hälfte des 18. Jhs. bestand, erhalten. Im Innern ist der romanische Saalraum durch einen Triumphbogen in ein Langhaus, das im 14. Jh. Sternrippengewölbe erhielt, und in einen Chor mit Netzrippenwölbung aus dem Anfang des 16. Jhs. aufgeteilt. Von größerer Bedeutung als der 1861 barockisierend erneuerte Hochaltar ist der an der südlichen Langhauswand angebrachte Seitenaltar aus der Mitte des 18. Jhs., der in Form einer Skulpturengruppe die szenische Darstellung der Brotüberreichung durch Hildegard an einen Bettler enthält. Die Krypta, in der niedere Rundpfeiler eine Kreuzgratwölbung tragen, enthält Reste gotischer und romanischer Wandmalereien. Zudem werden dort noch Reste der Hildegardreliquien aufbewahrt. Neben der Kirche steht noch der romanische Rundkarner, der 1996 im Innern durch die Kärntner Künstlerin Kiki Kogelnik mit Motiven zum Totentanz ausgestaltet wurde. Zu ihm hin führen alte Bildstöcke mit Kreuzweginterpretationen, die von 14 zeitgenössischen Kärntner Künstlern bis zum Jahr 1991 geschaffen wurden.

Straßburg (Bischofsburg)

Diese größte Burganlage Kärntens wurde durch Bischof Roman (1131–1167), dem Erbauer des Gurker Domes, nicht nur als Bischofssitz, sondern auch in wehrhafter Funktion errichtet. Allerdings wurde sie infolge eines Rivalitätsstreites mit dem Erzbistum Salzburg bereits 1179 überfallen und eingeäschert. Schon damals erstreckte sie sich innerhalb des Beringes vom Faulturm im Westen bis zu einem befestigten Wohngebäude im Osten, um 1200 wurden der Pallas im Süden und die zweigeschossige Kapelle im Osten errichtet. Im 14. Jh. kam es zum Ausbau der nordseitigen Ringmauer und zur Errichtung von zwei Türmen. Bischof Salamanca Hoyos (Mitte 16. Jh.) ließ einen Ringmauergürtel mit Bastionen errichten. Das im Nordwesten angebaute Kastengebäude schuf der Erbauer des Landhauses in Klagenfurt Johann A. Verda (1584). Mit der Errichtung von zweigeschossigen Arkaden im gesamten Innenhof

67 Schloß Straßburg • Ausstellungsbüro,
Volkskundemuseum, Jagdmuseum
9341 Straßburg
Tel.: 04266/2375 oder 2236-13
Fax: 04266/2395
www.strassburg.at
e-mail: strassburg@ktn.gde.at

K Ausstellungszentrum der Diözese Gurk
Tel.: 0463/57770-1995
www.kath-kirche-kaernten.at
e-mail: karl-heinz.kronawetter@kath-kirche-kaernten.at

und der künstlerischen Gestaltung zweier Portale (1680–1690) im äußeren Bering und beim Faulturm unter Bischof Johann VIII. Goess erhielt die Burg schließlich ihr definitives Aussehen. Bauschäden durch ein Erdbeben führten 1780 zum Umzug des Bischofs in das neu errichtete Schloss Pöckstein. Brände, Erdbeben und Vernachlässigung beschleunigten im Laufe des 19. Jhs. den Verfall, dem mit größerer Effizienz erst in der zweiten Hälfte des 20. Jhs. begegnet wurde. In den 80-er und 90-er Jahren des vergangenen Jahrhunderts erfolgte unter Bischof Egon Kapellari die Adaptierung für Ausstellungszwecke. Nach der großen Hemmaausstellung (1988) fanden Ausstellungen zu ikonographischen Themen und zur Denkmalpflege statt. 1991 wurde ein Volkskundemuseum eröffnet. Im Jahr 2000 stand die Straßburg mit der Ausstellung »ICH gegenüber – eine Begegnung von alter Sakral- und Gegenwartkunst« im Zentrum des kärntenweit durchgeführten Kulturprogramms »Kunst der Begegnung. Kärnten 2000.«

68 Pfarramt Straßburg • Hauptstraße 7 • 9341 Straßburg
Tel.: 04266/2279 • Fax: 04266/2279-4
e-mail: rossmann@carinthia.com oder
pfarre_strassburg@netway.at

Straßburg (hl. Nikolaus)

Über einem Kapellenbau des 12. Jhs. wurde um 1260 eine Kirche errichtet, deren Bedeutung durch die Gründung eines Kollegiatskapitels durch Bischof Gerold um 1330 unterstrichen wurde. Unter Bischof Schallermann und Sonnberg, deren meisterhaft gestalteter Doppelgrabstein an der nördlichen Chorwand angebracht ist, wurde sie schließlich in der 2. Hälfte des 15. Jhs. bis ca. 1500 zur prachtvollen dreischiffigen gotischen Kirche umgebaut. Deren Charakteristik ist außen nur mehr an dem von Strebepfeilern gestützten Chor ablesbar, da die restlichen Fassaden ein barockes Aussehen aufweisen (Nordturm mit barockem Zwiebelhelm, Westfassade mit geschweiftem Giebel). Im Inneren der Kirche verfügen das Langhaus und der weit geöffnete Chor über spätgotische Stern- und Netzrippengewölbe (2. Hälfte des 15. Jhs.). Im 17. Jh. wurden die Seitenschiffe zu Kapellenreihen umgewandelt und mit Altären von überwiegend einheitlichem Aufbau ausgestattet. Auffallend ist, dass deren Altarbilder (mit Ausnahme des Rosenkranzaltares) sich vorwiegend an Vorbildern der italienischen Renaissance und des Manierismus orientieren. Die Ausstattung des Mittelschiffes und des Chores ist von Meisterwerken des Spätbarock (18. Jh.) bestimmt. Dazu zählt vor allem der Hochaltar von 1747 mit dem monumentalen Bild des über stürmischer See emporschwebenden hl. Nikolaus (um 1750 von Fromiller). Gleiche künstlerische Bravour kennzeichnet die 1772 von Georg Hittinger geschaffene Kanzel mit üppiger Rokoko-Ornamentik und der effektvoll inszenierten Himmelfahrt des Elias als skulpturale Schalldeckelbekrönung. Ein Pendant zur Barockausstattung in Langhaus und Chor bildet der prachtvolle Orgelprospekt von 1743.

Tanzenberg

Die große repräsentative Schlossanlage um einen rechteckigen Hof wurde durch die Brüder Sigmund und Wolfgang von Keutschach (1. Hälfte 16. Jh.) erbaut und schließlich im Zentrum mit einer Renaissancebrunnenanlage, die seit 1802 am Hauptplatz von Friesach steht, ausgestattet. Im 13. Jh. in der Hand eines Konrad von Tanzenberg, ab 1300 in jener der Familie Mordax, erwarb der Olivetanerorden die bereits seit längerem dem Verfall preisgegebene Anlage 1898 und unterzog sie einem teilweise entstellenden Umbau, sodass nur mehr die unteren Geschosse und zwei Portale noch authentische Merkmale erkennen lassen. 1953 wurde die Anlage von der Diözese angekauft und zum Gymnasium sowie Internat adaptiert.

Die Kirche hll. Florian und Josef wurde 1898 im Südwesttrakt anstelle eines prunkhaft ausgestatteten Saales nach Plänen des Hans Pascher und des

**Bischöfliches Seminar
Marianum Tanzenberg**
Tanzenberg 1
9063 Maria Saal
Tel.: 04223/2230
Fax: 04223/2230-27
www.tanzenberg.com
e-mail: johannes.pichler@gmx.at

Ordensarchitekten Johannes M. Reiter 1906–1910 im neohistoristisch-romanischen Stil erbaut. Die Westfassade zeigt im unteren Geschoss eine Freitreppe und eine Loggia vor dem Eingang, im Obergeschoss einen breiten, wehrhaft wirkenden Mauerteil und in dessen Mitte eine Giebelfläche mit Rosettenfenster und Mosaiken (J. Pfefferle 1924–1927). Der Innenraum ist durch das hohe Mittelschiff mit kassettierter Flachdecke und die niedrigeren unausgeleuchteten Seitenschiffe charakterisiert. Der Chor endigt in einer breiten gestuften Apsis mit Arkadenlauf. Bei der Sanierung der Kirche 1986/87 wurden die Wände des Chores und die Seitenapsiden jeweils mit zwei übereinandergesetzten Figurenreihen in rudimentärem Freskocharakter (Tanzenberger Requiem) durch Valentin Oman bemalt, in den Chor ein monumentales Altartriptychon mit dem Motiv der aus Menschen gebildeten bläulich getönten Salvatorgestalt auf Goldgrund eingebunden.

70 K Archäologisches und frühchristliches Museum Teurnia
9811 Lendorf, St. Peter in Holz
Tel.: 04762/33807 oder 0463/536-30554
www.buk.ktn.gv.at/landesmuseum/Teurnia.htm

Teurnia

Die Friedhofskirche wurde außerhalb der Mauern der bedeutenden römerzeitlichen Stadt Teurnia – sie war ab dem 5. Jh. Hauptstadt des Binnennorikums und ist topographisch ident mit St. Peter in Holz – ab 1910 entdeckt und in ihren Grundmauern freigelegt. Es handelt sich dabei um einen repräsentativen Bau, der im Osten mit Seitenkapellen und in der Mittelachse mit dem durch Schranken abgegrenzten Priesterbereich samt Altar und Klerusbank ausgestattet ist. Als bedeutendster Fund gilt dabei das bestens erhaltene Mosaik der südlichen Seitenkapelle mit symbolischen Tier- und Ornamentdarstellungen, deren Bedeutung dem Physilogus, einem spätantiken Tiercharakteristikbuch, entnommen wurde. Im Anschluss an die Ausgrabungen befindet sich das Museum Teurnia mit zahlreichen Reliefs, Inschriften, Kleinfunden und Münzen, die vom künstlerischen Schaffen der Stadt und vom gesellschaftlichen Leben der Bewohner zeugen. Eine archäologische Sensation stellte die 1984 am westlichen Ausläufer des Holzerberges entdeckte dreiapsidale und dreischiffige Bischofskirche (1. Hälfte 6. Jh. n. Chr.) dar, die aus der repräsentativen Erweiterung einer bereits vorhandenen Kirche entstand (heute von einem zugänglichen Schutzbau überdeckt). In dieser Bischofskirche entdeckte man Teile der Chorschranken, der Klerusbank der Bischofskathedrale und Reste von figuraler und ornamentaler Wandbemalung. Nördlich der Kirche wurde ein dazugehörendes Hospizgebäude freigelegt.

Pfarramt Thörl-Maglern • Maglern 2 • 9602 Thörl-Maglern
Tel.: 04255/8257 oder über 04242/57101 (Villach-Heiligste
Dreifaltigkeit) • e-mail: opoecher@hotmail.com

Thörl-Maglern (hl. Andreas)

Die Pfarrkirche zum hl. Andreas (urkundlich 1169 erwähnt, aber erst 1787 zur Pfarre erhoben) zeigt sich von außen mit einem von gotischen Strebepfeilern abgestützten Chor, einem kurzen Langhausteil sowie einem mächtigen 1503 errichteten gotischen Westturm (Christian von Malborghet). Man betritt die Kirche über die monströse Vorhalle aus späterer Zeit und gelangt in das um 1503 mit Sternrippengewölben eingedeckte Langhaus mit kräftigen, eingezogenen Wandpfeilern. Die Decke enthält Malereien und bemalte Schlusssteine aus der Zeit der Einwölbung. Erst nach Durchschreiten des Triumphbogens mit niedriger Öffnung gelangt man zur prachtvollen Wandmalereiausstattung des Thomas von Villach, die in Umfang und künstlerischer Qualität das überragendste Dokument gotischer Wandmalerei in Kärnten darstellt. Sie erstreckt sich mit Ausnahme der Fensterseite über alle Wandflächen des Chores und zeigt die Darstellung des lebenden Christuskreuzes, Engelschöre, die Himmelsburg mit der Michaelsgestalt, den thronenden Gottvater, Szenen der Passion, die Auferstehung und nachösterliche Szenen, den Schmerzensmann mit Ähre und Trauben, die Abendmahlsszene u.a. Die Darstellung der Kirchenväter mit Evangelistensymbolen und vor allem das am inneren Triumphbogen aufgemalte Jüngste Gericht ergänzen und beschließen das umfassende Bildprogramm, das ca. 1475–1480 verwirklicht wurde. Die drei Altäre der Kirche sind um die Mitte des 17. Jhs. entstanden und verfügen über die für diese Zeit charakteristische Schwarz-Gold-Fassung und über einen klaren schlichten Aufbau. Der angeblich um 1613 (eher 1643) entstandene Hochaltar zeigt in der Mittelnische die Statue des hl. Andreas, zu seinen Füßen zwei gotische Engelsstatuen.

Pfarramt Tiffen • Tiffen 29 • 9560 Feldkirchen
Tel.: 04276/3508 oder über 04276/2166
e-mail: hirte.engelbert@aon.at

Tiffen (hl. Jakobus)

Im 11. Jh. erstmals genannt, wird sie seit dem 13. Jh. als Pfarrkirche bezeichnet. Sie zeigt sich in ihrem Äußeren als romanischer Bau aus dem 12. Jh. mit breitem Langhaus und einem kräftigen Chorturm. In der Barockzeit wurde diesem ein Chor angebaut, während der Sakristeianbau bereits in der Gotik (15. Jh.) erfolgte. Aus dieser Zeit stammt auch ein fragmentarisch erhaltenes Christophorusfresko. Dem späten 15. Jh. entstammen die Reste einer ursprünglich mächtigen Wehranlage. Nur wenig später entstand das an der Langhausnordwand befindliche Ölbergfresko. Ein besonderer Zauber geht von dem zweischiffigen Innenraum mit dem kunstvoll komponierten Sternrippengewölbe (um 1500) aus. An den Gewölbeflächen sind Apostel und Heilige, an den Zwickelflächen des vordersten Pfeilers die Gestalten einer Kreuzigungsgruppe aufgemalt. Zum Bestand des Innenraumes zählen die Wandmalereien: Darstellungen der hll. Barbara und Helena (um 1460, Thomas von Villach zugeschrieben), Wiedergabe einer um 1400 entstandenen Königsanbetung und das Tafelbild von 1530 mit der Darstellung des siegreich vor dem geöffneten Grab stehenden Auferstandenen. Die Bedeutsamkeit der Kirche hält auch in der Barockzeit an. Dies verdeutlicht der für den 1758 neu erbauten Chor geschaffene Hochaltar mit dem Jakobusschild im Schrein und der geschnitzten Dreifaltigkeitsgruppe im Aufsatz. Die mit äußerst bewegten Statuen ausgestatteten Seitenaltäre sind um 1730 entstanden, die Rokoko-Kanzel in der 2. Hälfte des 18. Jhs. Ein bedeutender spätgotischer Jakobusaltar aus dieser Kirche befindet sich im Kärntner Landesmuseum Klagenfurt.

Viktring (Unsere liebe Frau)

Das Stift wurde durch Bernhard von Spanheim und seine Gattin 1142 gegründet und mit Mönchen aus Lothringen besetzt. Die Bauzeit von Kirche und Kloster erstreckt sich jedoch bis ins Jahr 1202 (Einweihung). Einen ersten Höhepunkt erreichte das Kloster unter Abt Johannes von Viktring (1312-13459). Nach Türkenüberfällen und Bauernaufstand Ende des 15. Jhs. erlebte es im 1. Drittel des 18. Jhs. einen großen Aufschwung (großzügiger Ausbau der Stiftsanlagen). Ungefähr 60 Jahre nach der Aufhebung des Klosters (1788) erzwangen große Bauschäden einen teilweisen Abriss des Kirchenlanghauses und die Errichtung einer neuen Westfassade (1844, spätklassizistisch). Größte Abwechslung bietet die Ostansicht der Kirche mit dem Chor des 14. Jhs., der quergestellten Annakapelle, der im 15. Jh. errichteten Bernhardkapelle und schließlich dem spätgotischen Nordturm. Der Innen-

73 Pfarramt Viktring
Stift-Viktring-Straße 25
9073 Viktring
Tel.: 0463/281044
Fax: 0463/281044-4
www.stiftviktring.at
e-mail: pfarramt.viktring@aon.at

K Musikforum Viktring-Klagenfurt
Tel.: 0463/282241
Fax: 0463/281626
www.happynet.at/musikforum
e-mail: musikforum@happynet.at

raum zeigt sich als ein zisterziensisch großzügig komponierter Raum, in dem mächtige Arkadenpfeiler das Mittelschiff von den Seitenschiffen abtrennen und das Langhausgewölbe tragen. Kunsthistorisch von großer Bedeutung sind der in die drei Fenster des Chorschlusses eingefügte gotische Glasmalereizyklus (um 1400 mit Passionsszenen, nachösterlichen Szenen, Marienzyklus und Apostelgestalten), der 1622 geschaffene, 16 m hohe, rot-gold-gefasste Marienhochaltar mit der plastischen Gruppe der Marienkrönung im Schrein (ältester Hochaltar des Barock in Kärnten), der von 1710-15 geschaffene Altar in der Bernhardkapelle mit dem Bild der Bernhardvision von Ferdinand Steiner, der von 1992-2001 aufgedeckte gotische Malereizyklus (um 1490) an der Decke der Bernhardkapelle u. v. m. Seit 1977 ist in den ehemaligen Stiftsgebäuden ein Musikgymnasium untergebracht.

74 Pfarramt Villach-St. Jakob • Kirchenplatz 8 • 9500 Villach
Tel.: 04242/24066 • Fax: 04242/24066-5
www.kirchekath-villach.at/stjakob/index.html
e-mail: st.jakob@kirchekath-villach.at

Villach (hl. Jakob)

Ein Vorgängerbau aus dem 11. Jh. wird 1136 als Filialkirche von Maria Gail bezeichnet (im 13. Jh. bambergische Eigenkirche, seit dem 14. Jh. Maria Gail unterstellt und bis 1514 Patronatspfarre von Aquileja). Die Erdbebenschäden von 1348 erzwangen einen Neubau. Im Äußeren zeigt sich die Stadthauptpfarrkirche mit hohem, gotischen Chor aus dem 14. Jh., einem von Strebepfeilern gestützten Langhaus mit gotischen Kapellenanbauten aus dem 15. Jh. an der Süd- und Nordseite und dem kampanileartig im Westen vorgestellten hohen Turm (Helm aus dem 19. Jh.). Das Innere bietet einen der am großzügigsten gestalteten dreischiffigen Hallenräume (mit Schling- und Netzrippengewölbe) der Spätgotik in Kärnten. Im Chor wurden Ende des 17. Jhs. die Gewölberippen entfernt und durch Stuckrahmen für Bilder mit Darstellungen der göttlichen Personen ersetzt. In diesen barockisierten Rahmen ist der prachtvolle Hochaltar von 1784/85 gestellt, dessen genial geöffnete Komposition ganz auf die ehemals prachtvolle spätgotische Glasmalerei (1944 zerstört) des Chorschlusses abgestimmt war. In den Altaraufbau aus freistehenden Säulen mit Volutenkrone ist der spätgotische Kruzifixus eingespannt. Von der weiteren Ausstattung des Chores seien noch das spätgotische Christophorusfresko und das Ende des 17. Jhs. gestiftete Chorgestühl genannt. Die 1555 gestiftete, reich skulpierte Steinkanzel (Gallus Seliger) stammt noch aus evangelischer Zeit. Langhaus und Seitenkapellen sind mit Barockaltären, Bildern und Statuen des 18. Jhs. und mit Grabsteinen des 16.–18. Jhs. ausgestattet. Von den Kapellen sei die 1482 gestiftete Leiningerkapelle mit spätgotischem figural gestalteten Taufstein, spätgotischem Chorgestühl (1464) und gotischen Heiligenstatuen genannt.

75 Pfarramt Heiligenkreuz • Ossiacher Zeile 41 • 9500 Villach
Tel.: 04242/24844 • Fax: 04242/24844-4
www.kirchekath-villach.at/heiligenkreuz/index.html
e-mail: kutta@netway.at

Villach (Heiligenkreuz)

Die Gründungslegende der Pfarr- und Wallfahrtskirche Heiligenkreuz (Perau) besagt, dass es rings um die Mauerstelle des ehemaligen Regatschnigghofes ab dem Jahre 1708 zur wunderbaren Ausformung eines Christuskorpus gekommen ist. Der Wunsch nach dem Bau einer Wallfahrtskirche wurde immer dringlicher und vor allem durch den ehemaligen Abt des Stiftes Griffen, Augustin Pichler, vorangetrieben. Ihm ist es wohl in hohem Maße zu danken, dass hier (1726-44) einer der repräsentativsten barocken Kirchenbauten Kärntens entstand. Die hohe künstlerische Qualität zeigt sich bereits an der Westfassade. Diese setzt sich aus den hochgestreckten Türmen, die in den drei Geschossen von Pilastern untergliedert werden und hohe Spindelhelme tragen, und dem dazwischen einschwingenden Mittelteil mit Nischengiebel zusammen. Unübersehbar gesellt sich in dieser Sicht die Kuppel mit hohem Tambour hinzu. Die Pilaster, die ein Ornamentband tragen, umziehen in rhythmischer Verteilung den gesamten plastisch geformten Baukörper. Auch das Innere ist von dem Wechsel gerader und bogenförmig schwingender Wandpartien, die von Pilaster und Gesimsen untergliedert werden, bestimmt. Hohe Qualität kennzeichnet auch die Altarausstattung. In dem vor 1751 geschaffenen Hochaltar durchdringt der expressive Kruzifixus die Gebälkszone. Er wird zu Füßen von Assistenzfiguren begleitet und im Aufsatz von der Gottvatergestalt überragt. Einer etwas späteren Zeit (ca. 1770) entstammen die Seitenaltäre mit ausdrucksvollen Bildern sowie die Kanzel. Die modernen, in spätexpressionistischer Weise gemalten Deckenbilder wurden 1959–1961 von Fritz Fröhlich geschaffen. Reizvolle Rokokomalereien schmücken die Wände und Decken der Gnadenkapelle, die erst 1774 errichtet wurde.

76 Pfarramt Völkermarkt • Kirchgasse 8 • 9100 Völkermarkt
Tel.: 04232/2429 • Fax: 04232/2429-4
http://members.aon.at./dekanat.voelkermarkt
e-mail: vk-st.magdalena@aon.at

Völkermarkt (hl. Magdalena)

Von der 1240–1247 errichteten Stadtpfarrkirche zeugen das romanische Portal und der Rest einer ehemaligen Doppelturmfassade mit gekürztem Südturm (nach einem Erdbeben von 1690 nicht erneuert). Von den mehrfachen Veränderungen der Fassade war jene von 1844 im Sinne der Neugotik die eingreifendste. Der bildstockartige Vorbau um das Portal enthält in der einen Nische ein spätgotisches Ölbergrelief, in der anderen eine barocke Kreuzigungsgruppe. Dass rings um die Kirche ein Friedhof bestand, bezeugt neben zahlreichen Grabsteinen in der Kirchenmauer eine von Schustern und Lederern gestiftete Lichtsäule (1477). Auch im Inneren der Kirche wird die Architektur von der Gotik beherrscht. Zarte Figuren- und Rankenmalereien (um 1480) zieren die Gewölbeflächen des Chores und der Seitenschiffe. Weitere Zeugnisse gotischer Wandmalerei sind eine Schutzmantelmadonna (ca. 1460), ein Marienzyklus um 1500, eine Christophorusdarstellung (Anfang 15. Jh.) und das 1460 gestiftete Gemälde mit der Wiedergabe des Stifters Propst Conradus und des Jesuskindes; Zeugnisse gotischer Einzelskulpturen sind eine Madonna aus Gussstein (14. Jh.) im Langhaus und eine Pietàskulptur in der Marienkapelle. Im Übrigen wird die Ausstattung vom Barock bestimmt. Dies gilt auch weitgehend für den Hochaltar, obwohl dieser 1949 durch die Umgestaltung und Vergrößerung des kleineren Dreifaltigkeitsaltares von ca. 1735 entstanden ist und dessen originalen Figurenbestand aufweist. Über einen äußerst beachtenswerten Statuenbestand verfügt zudem die 1769 geschaffene Kanzel (Evangelistenstatuen von Michael Zill), aber auch der Herz-Jesu-Altar und der 14 Nothelferaltar. Den Höhepunkt der Altarbaukunst dieser Kirche stellt jedoch der um 1730 entstandene Rosenkranzaltar dar, dessen Mittelnische die Statue der sitzenden Madonna beherbergt und von einem Medaillonkranz mit gemalten Rosenkranzgeheimnissen umgeben wird.

77 Pfarramt St. Ruprecht • St. Margarethner Straße 1
9100 Völkermarkt • Tel.: 04232/2946
www.come.to/struprecht
e-mail: pfarre.struprecht@utanet.at

Völkermarkt (hl. Ruprecht/ Velikovec sv. Rupert)

Die Pfarrkirche bei Völkermarkt wird in ihrer Fassadengestaltung mit Rundbogen- und Spitzbogenfriesen, der Fensterrose und den spitzbogigen Blendfenstern von der Neugotik und der Neuromanik von 1857 bestimmt. Dieser Zeit verdankt auch der Turmabschluss mit abgesetztem Polygonaltambour die heutige Form. Entgegen diesem äußeren Anschein handelt es sich jedoch um die älteste (ein Vorgängerbau soll bereits im 8. Jh. bestanden haben) im 12. Jh. genannte Kirche und ursprüngliche Propsteikirche von Völkermarkt. Sie gibt sich bei näherer Betrachtung der architektonischen Struktur als romanische, im 12. Jh. entstandene Chorturmkirche zu erkennen. Sie besitzt ein romanisches Westportal mit römischem Kassettenrelief als Tympanon, an der Turmgestaltung sind allerdings nur die unteren Geschosse mit Blendbogenuntergliederung der Entstehungszeit authentisch. Die nördlich angebaute Kapelle ebenso wie der Karner mit kleinem Chor wurden im 14. Jh. errichtet. Der im 18. Jh. eingewölbte Innenraum birgt eine durchaus qualitätvolle Ausstattung des Barock. Dazu zählt der aus der ehemaligen Augustinerkirche stammende Hochaltar (1. Drittel 18. Jh.), der trotz der Umgestaltung von 1815 mit der äußerst qualitätvollen Reliefschnitzerei und dem Baldachin einen prachtvollen Rahmen für den expressiven Kruzifixus der späten Gotik (Anfang 16. Jh.) bildet. Von den Seitenaltären beeindruckt besonders der linksseitige, der Marienaltar, der als raumgreifende Schauwand mit seitlich vorgesetzten Säulen konzipiert ist und in der Mittelnische die Madonnenstatue im Strahlenkranz enthält, außen begleitet von den Statuen Joachim und Anna. Die vom 1. Viertel des 18. Jhs. stammende Kanzel mit kostbaren Reliefschnitzereien am Korb enthält Rundbogenbilder der Evangelistengestalten. Kostbare gotische Glasmalereien des 14. und 15. Jhs. befinden sich seit dem Ende des 19. Jhs. im Landesmuseum Klagenfurt.

Kloster Wernberg • Klosterweg 2 • 9241 Wernberg
Tel.: 04252/2216 • Fax: 04252/2216-19
www.klosterwernberg.at • kloster@klosterwernberg.at

Wernberg (Kloster)

Aufbauend auf eine bis ins 12. Jh. zurückreichende Burganlage kam es unter Georg Khevenhüller (1561–1587) zu einem großzügigen, für das heutige Aussehen bestimmenden Ausbau zum repräsentativen Renaissanceschloss. Massive viergeschossige Ecktürme um die dreigeschossige rechteckige Anlage vermitteln unmissverständlich noch wehrhaften Charakter. Besonders repräsentativ ist das im westlichen Teil des langen Nordtraktes gelegene Portal mit Diamantquaderung – Reliefdarstellung des Georg Khevenhüller umgeben von seinen Frauen Sybilla Weitmoser und Anna Thurzo im Türsturz – gestaltet. 1672 kam es zum Verkauf an das Stift Ossiach und daraufhin zur behutsamen Umwandlung des Schlosses in ein Kloster. Umfassende Initiativen setzten Virgilius Gleisenberger (1725–1737) und Abt Ludinger, die die Kirche errichten und mit Stuck- und Deckenmalereien ausstatten ließen. Den Höhepunkt bildet jedoch die im Nordwesten angebaute Kirche zum kostbaren Blut (ehemals hl. Katharina), deren Eingangsfassade schlicht und nur durch Kolossalpilaster über einem Rustikasockel gestaltet ist. Über dem Portal ist eine Christus-Salvator-Büste angebracht. Im Gegensatz dazu präsentiert sich der Innenraum, der als Saalraum mit Stichkappentonnengewölbe gebildet ist, in großer Prunkhaftigkeit. Dies ist auf die farbige Stuckierung der von Pilastern und Gebälken untergliederten Wände und ganz besonders auf die Deckenmalerei (1733–1734) des J. F. Fromiller zurückzuführen. Sie gibt inmitten illusionistischer Architektur auf Wolken schwebende Heiligengestalten, darunter in besonders reizvoller Wiedergabe die Madonna Immaculata über dem Altar, wieder. Der Altar selbst ist in illusionistischer Weise an die Abschlusswand gemalt und enthält in der Mitte einen neu geschaffenen Kruzifixus (1964). Seit 1935 befindet sich das Kloster im Eigentum der Kongregation der Missionsschwestern vom Kostbaren Blut.

Pfarramt Wolfsberg • Markusplatz 3 • 9400 Wolfsberg
Tel.: 04352/2452-0 • Fax: 04352/2452-15

Wolfsberg (hl. Markus)

Bereits an dem prachtvollen, dreifach gestuften Gewändeportal aus der Mitte des 13. Jhs. wird der spätromanische Ursprung dieser Kirche deutlich. Beim Umschreiten der Stadtpfarrkirche dokumentieren der gotische Chor aus dem 14. Jh. und die an den Turm angebaute Siebenschmerzenskapelle die weitere Ausbauphase der Gotik. Der Turm mit zwei Schallfenstergeschossen trägt einen barocken Zwiebelhelm. Unschwer sind an den Fensterausbrüchen und dem Giebelrundbogenfries der Fassade die neuromanischen Veränderungen des 19. Jhs. zu erkennen. Diese stilistische Bandbreite ist auch im Inneren anzutreffen. Dort ist ebenfalls noch das basilikale Raumschema der Romanik zu erkennen, zugleich die gotische Einwölbung mit Kreuzrippengewölben des 14. Jhs. im Langhaus und im Chor. Die Deckenmalereien mit der üppig geschwungenen Ornamentik und zarten Figurenmotiven stammen aus der Spätgotik. Ein markantes Einzeldokument der Romanik stellt das Steinrelief mit dem Markuslöwen und dem Haupt des Evangelisten dar. Die Ausstattung wird vom Hochaltar, der als Rahmen für die Bilder von »Kremser Schmidt« konzipiert ist, beherrscht. Darin wird im Hauptbild (datiert 1777) der Evangelist Markus in schreibender Sitzpose mit magischem Licht aus dem Dunkel des Hintergrunds hervorgezeichnet. In ähnlicher Technik wird im Aufsatzbild die Wiedergabe des sterbenden Franz Xaver dem Dunkel entrissen. Von den restlichen Altären des 18. Jhs. enthält der Altar der Marienkapelle eine Kopie von 1661 nach Veroneses Vermählung der hl. Katharina von Siena, der in der Kunigundkapelle aus dem 18. Jh. das aus der Minoritenkirche stammende Bild mit legendenhafter Szene der hl. Kunigunde des Antwerpener Malers J. B. van Rüll aus dem Jahr 1667. In der Allerseelenkapelle ist eine Kreuzigungsgruppe aus der Mitte des 18. Jhs. aufgestellt. Ein breites zeitliches Spektrum vom 15.–17. Jh. umfassen die an den Innen- und Außenwänden angebrachten Grabsteinreliefs.

Pfarramt Wolfsberg • Markusplatz 3 • 9400 Wolfsberg
Tel.: 04352/2452-0 • Fax: 04352/2452-15

Wolfsberg (St.-Anna- bzw. Bäckerkapelle)

Hinter der Fassade mit gotischen Eckprofilen und dem Rundbogenportal (mit drei Fialstäben), einem geschweiften Barockgiebel und darüber aufsteigendem Dachreiter verbirgt sich ein kleiner gotischer Raum mit Sternrippengewölbe und vor allem mit dem höchstwahrscheinlich außerhalb Kärntens geschaffenen Altar aus der Spätgotik (Ende 15. Jh.). In seiner spitzbogig abgeschlossenen Mittelnische steht die Statue der gekrönten Madonna mit Kind, deren Kleidfalten tiefgeschnitten und in strenger Steilheit konzipiert sind. Auch das Gesicht ist durch Ernsthaftigkeit und Strenge gekennzeichnet, die mit der Verspieltheit des nackten Kindes auf ihrem Arm kontrastiert (möglicherweise von Gregor Erhart aus Ulm geschaffen). Die Innenseiten der Schreinflügel beinhalten im Relief die Wiedergaben des hl. Georg und des hl. Wolfgang sowie jene des hl. Florian und des hl. Korbinian, die Außenseiten der Schreinflügel vier gemalte Szenen aus dem Marienleben (Verkündigung, Geburt Christi, Anbetung der Könige und Marientod), die Standflügel vier weibliche Heilige, die Predella Christus inmitten der Apostel. In den Schleierbrettaufsatz ist die Statuengruppe aus dem 18. Jh. (F. A. Detl), Mutter Anna mit Marienkind über eine Stabkonsole gesetzt, eingefügt.

Erwähnenswert ist zudem die Dreifaltigkeitskirche, deren im 19. Jh. im Sinne der Neuromanik erneuertes Äußeres darüber hinwegtäuscht, dass es sich um eine im 17. Jh. anstelle eines älteren Vorgängerbaues errichteten Kirche handelt. Zudem verfügt sie über einen qualitätvollen Bestand an Barockaltären mit Statuen aus der Hand des bedeutenden und aus Wolfsberg stammenden Bildhauers, Ratsherrn und Richters Franz Anton Detl, dessen Skulpturen als besonderes Charakteristikum die »kubistisch« unterteilte Faltenbildung aufweisen. Diesen Bestand bereichert zudem eine Pietàskulptur von ca. 1420.

Pfarramt Zeltschach • Zeltschach 8 • 9360 Friesach
Tel.: 04268/4410

Zeltschach (hl. Andreas)

Sie wurde Ende des 10. Jhs. angeblich durch Zwentiloch, einem Vorfahren der hl. Hemma, gegründet und befand sich im 11. Jh. kurzzeitig im Besitz des Bistums Gurk. 1181 wurden schließlich ein Pfarrherr und der Hochaltar zum hl. Andreas genannt. In ihrem Äußeren gibt sich die Pfarrkirche als romanischer Chorturmbau zu erkennen, wobei der Chor im 14. und das Langhaus im 15. Jh. ausgebaut und gotisch verändert wurden. Das Netzrippengewölbe des Langhauses (3. Viertel des 15. Jhs.) erhielt dabei eine reiche Ausstattung mit Schlusssteinen, die als Motive Pelikan, Löwe, Osterlamm und Christushaupt aufweisen. Der ursprünglich gotischen Fassade wurde um 1900 eine historisierende Erneuerung zuteil. Der mit gotischen Netzrippengewölben abgedeckte Innenraum beeindruckt durch eine äußerst qualitätvolle spätbarocke Ausstattung, die überwiegend von Balthasar Brandstätter geschaffen wurde. Dazu zählt der 1756 geschaffene Hochaltar mit der Statue des hl. Andreas in der Baldachinnische, außerhalb der Säulen umgeben von zwei Statuen der hll. Nepomuk und Franz Xaver. In den Aufsatz ist als Bekrönung die Statuengruppe der Heiligsten Dreifaltigkeit gesetzt. Ähnlich dem Hochaltar ist auch der linke Seitenaltar mit einer Draperienische ausgestattet, die hier die Statue einer gekrönten Madonna mit Kind umfasst. Einer anderen künstlerischen Hand entstammt der rechte Seitenaltar, der in einer klar umgrenzten Mittelnische die Statue des hl. Sebastian enthält und dessen sphärisch umgrenztes Aufsatzbild eine äußerst bewegte Interpretation des 14-Nothelfer-Motivs beinhaltet. Weitere bedeutende Ausstattungsstücke sind ein gotischer Kruzifixus vom Ende des 15. Jh., ein Gemälde mit der Darstellung Johannes des Täufers und Moses von 1619 und mehrere spätbarocke Heiligenstatuen. In der Kirche wurden ehemals als Reliquien der angebliche Hut der hl. Hemma (um 1300) und die Grubenhaube ihres Gemahls aufbewahrt.

Klöster sind besondere Plätze. Hier wurde über Jahrhunderte das Christentum gelebt und geprägt. Die ersten Klostergründungen in Kärnten erfolgten vor fast 1000 Jahren. Nach langer Blütezeit wurden während des 18. Jahrhunderts viele Klöster aufgehoben und anschließend, im Gegensatz zu anderen österreichischen Regionen, nicht wieder belebt. Trotzdem gibt es in Kärnten, nicht zuletzt auch durch neuere Gründungen und Ansiedlungen, mit fast 40 Ordensniederlassungen eine reiche Vielfalt an Ordensgemeinschaften. Wo es die personellen und infrastrukturellen Möglichkeiten erlauben, öffnen Klöster in Kärnten heute gerne ihre Pforten und laden Gäste, die Erholung und innere Einkehr suchen, dazu ein, im Rhythmus des klösterlichen Lebens neue Kraft zu tanken. Das Angebot ist reichhaltig und erprobt in 2000 Jahren christlicher Tradition. Immer mehr Menschen erleben Klöster als »Dach für die Seele«. Bei Urlaub oder geistiger Einkehr schöpfen sie Kraft für den Alltag.

Zusammenstellung: Matthias Kapeller

Urlaub in Kärntner Klöstern

Alle hier angeführten Häuser bitten Interessierte am Klosterleben um vorherige telefonische Kontaktaufnahme.

Weitere Informationen: www.kath-kirche-kaernten.at

Benediktinerstift St. Paul/Lavanttal

Das Benediktinerstift liegt weithin sichtbar auf einem felsigen Kogel mitten im Lavanttal.

1091 stiftete Graf Engelbert I. von Sponheim seine Burg Lavant zur Gründung eines Benediktinerklosters, das von Mönchen aus Hirsau in Schwaben besiedelt wurde und zunächst Lavant, ab dem 11. Jahrhundert – ebenso wie der Markt – St. Paul hieß. Die Mönche, die vorrangig mit Rodungsarbeiten beschäftigt waren, errichteten eine Schule und ein Spital. Im 14. und 15. Jahrhundert setzten ein Brand und mehrfache Plünderungen dem Kloster stark zu. Unter Abt Hieronymus Marchstaller aus Schwaben erlebte das Kloster im 17. Jahrhundert eine Blütezeit. Das heutige Aussehen des Klosters geht – abgesehen von der Kirche – zum Großteil auf seine Bautätigkeit zurück. Das 1777 errichtete Gymnasium nahm nach der Schließung des Klosters

Benediktinerstift St. Paul/Lavanttal
Hauptstraße 1
9470 St. Paul/Lavantal
Tel.: 04357/2019
Fax: 04 57/2019-54
e-mail: stiftspfarre@stift-stpaul.at
http://www.stift-stpaul.at

Angebote: *Urlaub im Kloster, Mitleben mit der Gemeinschaft, Teilnahme am Stundengebet, geistliche Begleitung, Einzelexerzitien, Tage der Stille*

durch Josef II. 1782 den Unterricht 1809 wieder auf, als das Kloster durch Benediktiner aus St. Blasien im Schwarzwald erneut besiedelt wurde. Nach der vom NS-Regime verfügten zweiten Klosteraufhebung von 1940 bis 1945 nahm das Stiftsgymnasium seinen Schulbetrieb wieder auf und ist heute eine der bedeutendsten Schulen im Lavanttal. Auch im kulturellen Bereich setzt das Kloster Initiativen, die weit über Kärnten hinaus Beachtung finden.

»Alle Gäste, die zum Kloster kommen, sollen wie Christus aufgenommen werden«, schreibt der Gründer des Benediktinerordens, der hl. Benedikt von Nursia († 547). So versuchen auch heute die Benediktiner von St. Paul, den zu ihnen kommenden Gästen jenen Raum zu schaffen, in dem sie neue Möglichkeiten und Wege entdecken, die ihr menschliches und geistiges Wachstum fördern und in dem sie mit sich, ihren Mitmenschen, der Schöpfung und Gott in Frieden leben können.

Deutsch-Ordens-Schwestern in Friesach • St. Veiter Straße 12
9360 Friesach • Tel.: 04268/2691-0 • Fax: 04268/2691-475
e-mail: dokh-leitung@eunet.at

Angebote für Frauen: *Teilnahme am Ordensleben und am Stundengebet, Begleitung der Schwestern bei ihren Tätigkeiten, religiöse Gespräche*

Deutsch-Ordens-Schwestern in Friesach

Im Süden der Stadt Friesach, 2001 Schauplatz der »Kärntner Landesausstellung«, liegen das Provinzhaus und das Spital der »Schwestern vom Deutschen Haus St. Mariens in Jersualem«, besser bekannt als Deutsch-Ordens-Schwestern. Der Deutsche Orden, seit 1213 in Friesach ansässig, übersiedelte 1275 vom Norden der Stadt an die jetzige Stelle. Nach dem Niedergang des Ordens während der Reformationszeit veranlasste der vormalige Hochmeister des Deutschen Ordens, Erzherzog Maximilian, 1837 die Neuorganisation des Schwesterninstitutes. Die Renovierung des Ordenshauses und der Umbau zu einem Deutschordensschwesternhaus mit Spital folgten. Seit 1880 waren Deutsch-Ordens-Schwestern als Krankenpflegerinnen sowie in den verschiedensten Bereichen des Spitals und der Gemeinschaft tätig.

Nach der Aufhebung des Deutschen Ordens und der Verstaatlichung des Besitzes durch die Nationalsozialisten im Jahr 1938 arbeiteten die Schwestern weiterhin als Pflegehelferinnen im Spital mit.

1946 wurde das Krankenhaus wieder Ordensbesitz. 1967 übernahm die Deutsch-Ordens-Schwesterngemeinschaft die Trägerschaft und Leitung des Krankenhauses. Wegen der Überalterung der Gemeinschaft sind heute nur mehr wenige Schwestern im Krankenhaus tätig. Auch für die unmittelbare Spitalsleitung ist die Provinzleitung nicht mehr verantwortlich.

Die Spiritualität der Deutschordensschwestern ist geprägt von der Verehrung des Kreuzes und orientiert sich an der Gottesmutter Maria, der hl. Elisabeth und dem hl. Georg als Leitbilder. Gemäß dem Wahlspruch »Helfen und heilen« steht der weibliche Ordenszweig gemeinsam mit den Deutschordenspriestern und -brüdern und den Familiaren im caritativen Dienst am Nächsten.

Deutsch-Ordens-Schwestern in Wildbad Einöd

Knapp nach der Kärntner Landesgrenze, aber noch zum Gebiet der Diözese Gurk gehörig, liegt inmitten von vielem Grün das Thermal-Mineral-Heilbad Wildbad Einöd, das als Kurhaus von den Deutsch-Ordens-Schwestern mit Sitz in Friesach geleitet wird.

Die drei Heilquellen des Thermalbades, die Michaels-, Georgs- und Ignazquelle, waren bereits in der Römerzeit bekannt und geschätzt. Auch der berühmte Arzt und Naturforscher Paracelsus erwähnte die heilende Wirkung der Quellen: »... ein saurer Brunn im alten Kärnten, eine Meil von Friesach in der Einöd, der von Natur selbst warm ist ...«. Das Kurhaus wird seit 1965 von den Deutsch-Ordens-Schwestern geführt. Das Wasser tritt als warmes, kohlensäurehältiges Mineralwasser zutage und steht den Gästen für Trinkkuren, zur unterstützenden Behandlung bei Magen-

③ Deutsch-Ordens-Schwestern in Wildbad Einöd
9323 Wildbad Einöd
Tel.: 04268/2822-0
Fax: 04268/2822-30
http://www.dtorden.or.at/wildbad-einoed/

Angebote: *Wellness-Urlaub im Kurhaus, Mitleben mit der Schwesterngemeinschaft, Teilnahme am Stundengebet, geistliche Begleitung, Tage der Stille*

Darm-Erkrankungen und Übersäuerung zur Verfügung. Wannenbäder und Hallenbad dienen zur unterstützenden Behandlung bei Herz-Kreislauf-Störungen sowie bei Affektionen des Bewegungsapparates, insbesondere bei degenerativen Gelenksprozessen wie Arthrosen und Spondylosen. Darüber hinaus werden mit Sauna, Solarium und Massage auch die Einrichtungen eines modernen Kurbetriebs geboten. Die Schwesterngemeinschaft will nach dem Motto des Ordens »Helfen und heilen« im Kurhaus besonders die Gastfreundschaft üben, den Gästen Erholung für Leib und Seele bieten sowie offen sein für die Not der Menschen, dasein, wo man ihre Hilfe braucht, nach dem Vorbild und Wort der Ordenspatronin, der hl. Elisabeth: »Ich sage Euch, wir müssen die Menschen froh machen.« Die Schwestern wollen im Glauben und in der Freude am Beruf Hoffnung weiterschenken – dort, wo sie leben, dort, wo sie arbeiten, dort, wo sie im Gebet die Hände zu Gott erheben.

Gesellschaft Jesu, Haus der Einkehr

Inmitten von Wald und Obstgärten liegt, nördlich von St. Andrä am Fuß der Saualpe, das »Haus der Einkehr«, das Exerzitienhaus der Jesuiten. Der im 15. Jahrhundert erbaute Hof wurde zu Beginn des 16. Jahrhunderts zu einem kleinen Schloss ausgebaut, das 1693 vom Domstift Lavant erworben wurde. 1930 kaufte der Jesuitenorden das Gebäude als Ort der Erholung für das nahegelegene große Ausbildungshaus der Jesuiten in St. Andrä. Heute dient das ehemalige Schloss nach einer umfassenden Renovierung in den 90er Jahren als allgemein zugängliches Exerzitienhaus, das 16 Gästen Platz bietet.

Kennzeichnend für die Spiritualität der Jesuiten, der von Ignatius von Loyola († 1556) gegründeten »Gesellschaft Jesu«, sind die Exerzitien als Form geistlicher Übungen. Dabei soll Jesus Christus als der heute

④ Gesellschaft Jesu, Haus der Einkehr
Kollegg 5
9433 St. Andrä/Lavantal
Tel.: 04358/2237
Fax: 04358/2237-85
e-mail: haus.der.einkehr@aon.at

Angebote: *Begleitete Exerzitien in ignatianischer Tradition (8 bis 10 Tage und 14 bis 30 Tage): Einzelexerzitien und kontemplative Exerzitien; Tage der Stille (2 bis 3 Tage) , Ikonenmalen (als Einführung in das geistliche Leben der Ostkirche), Wanderexerzitien*

lebendige Herr erfahren werden, der »mich hier und jetzt ruft«. Ziel ist es, kontemplativ zu sein im aktiven Leben.

Die Verfügbarkeit der Jesuiten für die jeweiligen Aufgaben – in St. Andrä sind es die Exerzitienarbeit und die Pfarrseelsorge – bestimmt den Lebensstil der meist kleineren Gemeinschaften. Vorbereitet werden die Jesuiten, Brüder wie Priester, durch eine gründliche berufsbezogene sowie spirituelle und theologische Ausbildung.

Die Spiritualität des »Hauses der Einkehr« ist geprägt von der Sehnsucht nach Gott, von einfachem Lebensstil und der Gemeinschaft, um so in der Stille den Christusglauben als Kraftquelle neu zu entdecken. Deshalb bilden Einzelexerzitien und kontemplative Exerzitien die Schwerpunkte des Angebotes.

»Missionsschwestern vom Kostbaren Blut« in Wernberg

Das Kloster der größten weiblichen Ordensgemeinschaft Kärntens befindet sich in den Räumen eines ehemaligen Schlosses, das 1227 erstmals urkundlich erwähnt wird und von Herzog Bernhard von Spanheim erbaut wurde. 1403 wird die Anlage erstmals »Wernberg« genannt. 1570–1575 erfolgte durch Georg Freiherr von Khevenhüller der Umbau in die heutige Form.

Nach häufigem Besitzerwechsel erwarben 1935 die »Missionsschwestern vom Kostbaren Blut«, 1885 vom Trappistenabt Franz Pfanner als aktiver Missionsorden in Marianhill/Südafrika gegründet, das heruntergekommene Schloss Wernberg. Das Kloster wurde rasch zum Provinz- und Ausbildungshaus der internationalen Kongregation.

Aus wirtschaftlichen Gründen war es den Schwestern erst 1962 möglich, die Kirche zu renovieren und

**⑤ Missionsschwestern
vom Kostbaren Blut in Wernberg**
Klosterweg 2
9241 Wernberg
Tel.: 04252/2216
Fax: 04252/2216-119
e-mail: kloster@klosterwernberg.at
http://www.klosterwernberg.at

Angebote: Urlaub im Gästehaus des Klosters, Mitleben mit der Gemeinschaft, Teilnahme am Stundengebet, Einzelexerzitien, geistliche Begleitung, Einführung in die Meditation, Tage der Stille, geführte Wanderungen und Bergtouren, Bildungsveranstaltungen

ihrer ursprünglichen Bestimmung zuzuführen. Das Haus ist Sitz der österreichischen Provinzleitung und bietet auch ganzjährig verschiedene Bildungsangebote. Die Schwestern und ihre Mitarbeiterinnen und Mitarbeiter führen einen landwirtschaftlichen Betrieb mit Kreislaufwirtschaft – die hofeigenen Produkte werden im Klosterladen verkauft –, einen Integrationskindergarten, eine Paramentenstickerei, eine Hostienbäckerei sowie eine Fremdenpension mit 45 Betten und einen Jugendraum mit drei Stockbetten.

Geistliche Grundlage des gemeinschaftlichen Lebens, das durch die benediktinische Spiritualität geprägt ist, bildet die Hl. Schrift. Erstes Ziel des missionarischen Wirkens der »Missionsschwestern vom Kostbaren Blut« ist die Verkündigung des Wortes Gottes. Den Verkündigungsauftrag für die Gemeinschaft fasst der Ordensgründer in die Worte: »Unser Missionsgebiet ist das Reich Gottes, und das hat keine Grenzen.«

Salvatorianerinnen und Salvatorianer in Gurk
Kolleg & Gästehaus »St. Hemma«

Gurk, die »Wiege« der Diözese, ist untrennbar mit dem Namen der Gräfin Hemma von Friesach-Zeltschach verbunden. Die 1938 heiliggesprochene Hemma, die als Landesmutter Kärntens verehrt wird, stiftete 1043 eine Marienkirche und ein Kloster, für das sie Benediktinerinnen vom Stift Nonnberg/Salzburg nach Gurk holte. 1072 wurde das Kloster im Zuge der Bistumsgründung durch Erzbischof Gebhard von Salzburg aufgehoben und das Bistum mit Gütern des früheren Klosters ausgestattet. 1124 wurde ein Domstift nach der Regel der Augustiner Chorherren gegründet. Nach der Fertigstellung des Domes um 1200 wurde die Straßburg Residenz der Bischöfe, während der Propst und das Domkapitel in Gurk blieben. 1490 wurde der

6 Gemeinschaft der Salvatorianerinnen und Salvatorianer in Gurk
Kolleg und Gästehaus St. Hemma
Domplatz 11
9342 Gurk
Tel.: 04266/8236-12
Fax: 04266/8236-16
e-mail: gaestehaus.sds@dom-zu-gurk.at
http://www.dom-zu-gurk.at

Angebote: *Urlaub im Kloster, Tage der Stille, Kloster auf Zeit, Teilnahme am Stundengebet, geistliche Begleitung, Einzelexerzitien, Quellentage, Frauenliturgien, Orientierungstage, Firmwochenenden*

Propsthof fertiggestellt, 1638 der Kapiteltrakt für das Domkapitel. Unter Josef II. wurde der Bischofssitz 1786 nach Klagenfurt verlegt. Das Haus stand über 100 Jahre leer. Erst 1890 kamen wieder Benediktinerinnen vom Nonnberg und nach ihnen 1923 Redemptoristen nach Gurk. Seit 1932 wirkt die Ordensgemeinschaft der Salvatorianer in Gurk. Von 1943 bis 1953 war das Priesterseminar der Diözese in Gurk untergebracht. 1988, im Jahr des Hemmajubiläums, kamen die ersten Salvatorianerinnen nach Gurk und arbeiteten vor allem im neu eröffneten Gästehaus St. Hemma mit. »Mit allen Mitteln, die die Liebe Christi eingibt, allen Menschen Jesus als den Heiland, den Salvator, zu verkünden« ist das Ziel der Gemeinschaft der Salvatorianerinnen und Salvatorianer, die 1881 vom badischen Priester P. Franziskus Jordan gegründet wurde. Dahinter steht die Überzeugung, dass in der Begegnung mit Jesus, im Vertrautwerden mit seiner Person, ein Leben in Fülle zu finden ist.

Servitenkloster in Maria Luggau

Im Westen Kärntens, an der Grenze zu Osttirol auf 1179 m Seehöhe, liegt der bekannte Wallfahrtsort Maria Luggau. Ziel der Pilger ist die Basilika mit dem Gnadenbild »Unserer Lieben Frau von Luggau«, eine spätgotische Pietà reiner Volkskunst, gestiftet im Jahre 1513. Die Franziskaner übernahmen 1591 die seelsorgliche Betreuung der Wallfahrtskirche, deren Grundstein 1515 gelegt wurde, und begannen 1593 mit dem Bau eines Klosters. Nach der Abberufung der Franziskaner im Zuge einer Ordensreform wurden 1635 Kloster, Kirche und Pfarre den Serviten übergeben. Ein Brand zerstörte 1640 Kloster, Kirchen- und Turmdach. Nach dem Neubau zwischen 1640 und 1661 wurde das Kloster 1736 zum zweiten Mal ein Raub der Flammen, während die Kirche verschont blieb. 1741 war der Wiederaufbau abgeschlossen, das Kloster hatte seine heutige Form erhalten.

7 Servitenkloster in Maria Luggau
9655 Maria Luggau Nr. 26
Tel.: 04716/601
Fax: 04716/601-17

Angebote: *Urlaub im Kloster, Mitleben mit der Gemeinschaft, Teilnahme am Stundengebet, geistliche Begleitung, Einzelexerzitien, Tage der Stille, Bildungsveranstaltungen*

In der Zeit der Aufklärung blieb dem Kloster eine Auflösung erspart, da die Serviten nicht nur ausschließlich Seelsorge betrieben, sondern auch eine Elementar- und Handwerksschule sowie eine Apotheke führten und diese sozialen Aktivitäten für die abgelegene Gegend unverzichtbar waren. Die Zahl der Pilger nahm stetig zu. So kamen in der dritten Septemberwoche des Jahres 1813, anlässlich des 300-Jahr-Jubiläums des Gnadenbildes, rund 12000 Wallfahrer nach Maria Luggau.

Papst Johannes Paul II. würdigte 1986 die große Geschichte dieser Gnadenstätte mit der Erhebung der Wallfahrtskirche Maria Luggau zur Basilika Minor, der einzigen in Kärnten.

Die Klostergemeinschaft von Maria Luggau, der »Orden der Diener Mariens«, wie der offizielle Name der Serviten lautet, lebt nach der Regel des hl. Augustinus. Im Zentrum der Spiritualität der Serviten steht die Verehrung der hl. Maria als Schmerzensmutter.

Bildungshaus St. Georgen/Längsee

St. Georgen/Längsee, das älteste noch bewohnte Kloster Kärntens, wurde zwischen 1002 und 1018 als Benediktinerinnenstift gegründet. Um 1655 erfolgte der Ausbau des Klosters in die heutige Form. Bis zur Aufhebung 1783 durch Josef II. leiteten die Nonnen einen Schulbetrieb und kümmerten sich um Kranke. 1788 wurden die Räumlichkeiten und Besitzungen von Graf Max Thaddäus Egger erworben. Gegen Ende des 19. Jahrhunderts öffneten die Eggerschen Erben das nicht mehr bewohnte Schloss und den zur Herrschaft gehörenden Längsee dem Fremdenverkehr. 1934 erwarb die Mariannhiller Missionskongregation St. Georgen als Missionshaus. Nach der Auflösung des Klosters und der Vertreibung der Patres durch das NS-Regime im Jahre 1940 beherbergte das Kloster während der Kriegszeit vorübergehend das Gurker

Bildungshaus St. Georgen
Schloßallee 6
9313 St. Georgen am Längsee
Tel.: 04213/2046
Fax: 04213/2046-46
e-mail: office@bildungshaus.at
http://www.bildungshaus.at

Angebote: *Urlaub im Stift, geistliche Begleitung, Bildungsveranstaltungen, Seminar- und Konferenzzentrum, Konzerte, Ausstellungen*

Priesterseminar, bis das Stift 1943 in ein Lazarett umgewandelt wurde.

1948 erfolgte die Rückgabe an die Marianhiller Missionskongregation. 1959 kaufte das Bistum Gurk die Liegenschaft St. Georgen und errichtete in den Räumlichkeiten ein Bischöfliches Bildungshaus. Bis 1993 beherbergte das Bildungshaus auch eine von Kreuzschwestern geführte Haushaltungsschule sowie bis 1999 eine Büro- und Verwaltungsschule. Heute ist St. Georgen ein Bildungs- und Veranstaltungshaus mit einem reichhaltigen Programm sowie einem Hotel mit 210 Betten und eigenem Badestrand am Längsee.

Erholungsuchenden bietet das Bildungshaus im Sommer die Möglichkeit, hier den Urlaub zu verbringen. Darüber hinaus bietet das Haus den Rahmen für Tagungen, Empfänge und Feste.

Katholisches Bildungshaus »Sodalitas« in Tainach/Tinje

Das Katholische Bildungshaus »Sodalitas« im Süden Kärntens versteht sich als »eine Stätte der Begegnung zwischen slowenisch- und deutschsprachigen Kärntnerinnen und Kärntnern und als Ort des Dialoges zwischen Österreich und Slowenien«.

Der Name des Hauses geht zurück auf die slowenische Priestergemeinschaft »Sodalitas« (lat.: Gemeinschaft), eine Gemeinschaft von slowenischen Welt- und Ordenspriestern, die in Kärnten tätig ist und die 1906 gegründet wurde. 1954 nahm die »Sodalitas« als Gründungsmitglied an der konstituierenden Sitzung der Arbeitsgemeinschaft der Bildungsheime Österreichs teil. 1961 erfolgte der Bau eines neuen Bildungshauses auf den Mauern des alten Propsteikellers. Das Haus wurde in den folgenden Jahren ständig um- und ausgebaut. Anfang der 80er Jahre wurde das

⑨ Katholisches Bildungshaus/Katoliški dom prosvete »Sodalitas« in Tainach/Tinje
9121 Tainach/Tinje 119
Tel.: 04239/2642
Fax: 04239/2642-76
e-mail: office@sodalitas.at
http://www.sodalitas.at

Angebote: *Urlaub im Bildungshaus, geistliche Begleitung, Bildungsveranstaltungen, Seminar- und Konferenzzentrum, Konzerte, Ausstellungen*

Bildungshaus wesentlich vergrößert und 1994/95 zum modernen Seminar- und Konferenzzentrum umgestaltet und erweitert. Insgesamt stehen den Gästen nun 70 Betten zur Verfügung.

Heute ist das Haus nicht nur ein Bildungszentrum mit einem reichhaltigen Programmangebot in deutscher und slowenischer Sprache, sondern auch ein Ort der Begegnung mit der Kunst.

Besondere Beachtung verdienen in der Kapelle der Kreuzweg, das Kreuz und die Marienstatue, gestaltet von Prof. Franc Gorše, sowie das Altarkreuz und der Wandteppich mit einem Emmausmotiv von Barbara Möseneder.

Ob Striezelwerfen, Räuchern, Kirchleintragen – das vielfältige Brauchtum, das in Kärnten heute gepflegt wird, hat im Kern sehr oft auch religiösen Charakter. Denn: Menschen brauchen Bräuche. Bräuche stärken die Gemeinschaft, tragen Sinn in den Alltag und dienen als Wegweiser durch das soziale und religiöse Leben. Viele in Kärnten heute noch lebendige Bräuche sind geprägt durch das Christentum, auch wenn sie vielleicht auf noch ältere Wurzeln zurückgehen. Religiöse Bräuche verwurzeln auch den Glauben im Alltag und feiern ihn. Sie schlagen in unserer säkularisierten Welt eine Brücke zwischen dem Heiligen und dem »Profanen«. Die bewusste Pflege des Brauchtums bietet dann oft Gelegenheit und Ansporn, nach dessen Bedeutung zu fragen und den vielfältigen Sinn zu ergründen.

Religiös motiviertes Brauchtum ist mit dem Kirchenjahr verbunden und wird in ihm im besten Sinne auch gewahrt. Dies wird an den kirchlichen Festen wie Ostern, Weihnachten oder Allerheiligen besonders deutlich. Diese Feste besitzen durch ihren Inhalt einen Bezug zu zentralen Themen unseres Lebens wie Geburt, Wachstum und Tod. Sie erinnern daran, dass Brauchtum, das mit den religiösen Festen verbunden ist und bleibt, mehr ist als bloße Folklore.

Zusammenstellung: Matthias Kapeller

Feiern, Feste und religiöses Brauchtum im Kirchenjahr Eine Auswahl

Advent

Samstag vor 1. Adventsonntag
Adventkranzsegnungen während der Gottesdienste

Freitag vor dem 4. Dezember (hl. Barbara)
Barbarafeier im Klagenfurter Bergbaumuseum,
☏ *0463/511252*

4. Dezember (hl. Barbara)
Barbarafeiern in Kärntens Bergbaugebieten, wie z. B. Radenthein, Bad Bleiberg-Kreuth oder Friesach

6. Dezember (hl. Nikolaus)
Nikolausaktion

8. Dezember (Unbefleckte Empfängnis Mariens) bis 17. Dezember
»Marientragen« (Herbergsuche), u. a. in Gablern/Lovanke, Pfarre Eberndorf/Dobrla vas,
☏ *04236/2283*, und in Dobritsch,
☏ *04268/2691*

Adventsingen, Hirten- und Krippenspiele in vielen Pfarren

23. Dezember
Weihnachtsgebetsnächte der Katholischen Jugend,
☏ *0463/5877-2460*

24. Dezember (Heiliger Abend)
»Räuchern« , ebenso am Neujahrstag und am Dreikönigstag
Hirtenspiele zur Christmette, z. B. in der Pfarre Völkermarkt

26. Dezember (hl. Stefanus)
Stefanireiten mit Pferdesegnung, z. B. in St. Stefan/Lavanttal,
☏ *04352/2683*,
Eberndorf/Dobrla vas,
☏ *04236/2283*, Maria Feicht,
☏ *04277/2432*
»Rossmesse« mit Pferdesegnung und Opfergang in Maria Saal,
☏ *04223/2254*

Drei-Königs-Aktion

27. Dezember (Johannes der Täufer)
Segnung des »Johannisweins« in vielen Kärntner Pfarren

28. Dezember (Fest der Unschuldigen Kinder)
Pisnen, Tschappen (Glückwünsche der Kinder zum Neuen Jahr)

31. Dezember (hl. Silvester)
Schweinshaxn-Versteigerung in Lainach bei Rangersdorf, Pfarre Winklern, ☎ 04822/290; zum Jahreswechsel: Läuten der Kirchenglocken in vielen Kärntner Pfarren

1.–6. Jänner (Heilige Drei Könige)
Dreikönigsaktion der Katholischen Jungschar in den meisten Pfarren; ☎ 0463/5877-2482
Dreikönigssingen mit besonderer Tradition, u. a. im Gailtal, Pfarre Vorderberg, ☎ 04256/2106 oder 04283/2290 und in Heiligenblut, ☎ 04824/2255

Dreikönigsspiel in Metnitz, ☎ 04267/251

17. Jänner (hl. Antonius)
»Sautoni-Kirchtag« in Gösselsdorf/Goselna vas, Pfarre Eberndorf/Dobrla vas, ☎ 04236/2283

Sonntag vor oder nach dem 20. Jänner (hl. Sebastian)
»Brezelbaum« in Radweg bei Feldkirchen, ☎ 04276/2166

vorletzte Woche im Jänner
Weltgebetswoche um die Einheit der Christen, mit ökumenischem Abendspaziergang in Klagenfurt, ☎ 0463/5877-2410

Vorabend des 2. Februar (Mariä Lichtmess)
»Kirchleintragen« in Bad Eisenkappel/Železna kapla, Pfarre Eisenkappel/Železna kapla, ☎ 04238/319-0

Palmsonntag   **Segnung der Osterspeisen**

2. Februar (Mariä Lichtmess)
Kerzenweihe in den meisten Pfarren (Lichtmesskerze, Lichterprozession); Lichtmesssingen in der Filialkirche Pribelsdorf/Pribljavas, Pfarre Eberndorf/Dobrla vas, ☎ *04236/2283*

3. Februar (hl. Blasius)
Erteilung des Blasiussegens bei den Gottesdiensten

Erster Sonntag im Februar
(5. Februar: hl. Hildegard)
Striezelwerfen, Stein im Jauntal/Kamen v Podjuni, ☎ *04239/2229*

Fastenzeit
Aschermittwoch
Austeilung des Aschenkreuzes im Rahmen der Aschermittwochliturgie; Aufziehen der Fastentücher in einigen Kärntner Pfarren,
z. B. in Gurk ☎ *4766/82 36*, Haimburg ☎ *04232/7197* oder Millstatt ☎ *04766/2147*

1. Freitag im März
Weltgebetstag der Frauen,
☎ *0463/5877-2431*

Während der Fastenzeit
»Hl. Haupt-Andacht« in vielen Kärntner Pfarren, vom 4. Fastensonntag bis Montag, nach dem 5. Fastensonntag, u. a. in der Klagenfurter Stadtpfarrkirche St. Egid, ☎ *0463/511308*
Passionssingen in Kärntner Pfarren
Kreuzwegumzüge in Griffen,
☎ *04233/2252*, und in Bad Eisenkappel/Železna kapla,
☎ *04238/319*
Kreuzweg der Katholischen Jugend am Mittwoch vor dem Palmsonntag, Katholische Jugend,
☎ *0463)/5877-2461*

Freitag vor dem Palmsonntag
(»Palmfreitag« oder »Schmerzensfreitag«)
»Widderopfer« in Ötting bei Oberdrauburg, ☎ *04710/2289*

Heiliges Grab

Palmsonntag

Palmprozessionen, u. a. Palmstangen-Tragen in St. Georgen/ Katschtal, Pfarramt St. Peter/ Katschtal, ☎ 04734/262
»Eselsprozession« (Palmeselreiten), z. B. in Pölling,
☎ 04358/2942

Karwoche und Ostern
Mittwoch in der Karwoche

Chrisam-Messe (Ölweihgottesdienst) im Dom zu Klagenfurt, Dompfarre Klagenfurt,
☎ 0463/54950

Feier von Leiden, Tod und Auferstehung Jesu Christi in den Kärntner Pfarren

Gründonnerstag

Feier des Letzten Abendmahls, in manchen Pfarren Fußwaschung Tresdorfer Passion, Pfarre Rangersdorf, ☎ 04823/344

Karfreitag

»Karfreitagsratschn«, u. a. in Pleßnitz im Liesertal, Pfarre Gmünd ☎ 04732/2289

Karsamstag

Segnung des morgendlichen Osterfeuers in vielen Pfarren, Segnung der Osterspeisen, Andachten beim Hl. Grab, z. B. Ehrenwache der Trabantengarde St. Veit/Glan beim Heiligen Grab, Osterfeuer nach der Auferstehungsliturgie, z. B. Pfarre Radsberg/Radiše, Fackelprozession nach der Auferstehungsfeier, Pfarre Radsberg/Radiše,
☎ 0463/740237
»Fackeltreiben« in Gösseling, Pfarre Launsdorf,
☎ 04213/2030
»Kreuzheizen«, z. B.
in Griffen ☎ 04233/2252,
Prebl ☎ 04350/29 33,
Glödnitz ☎ 04265/8213 und
Radenthein ☎ 04246/20 76

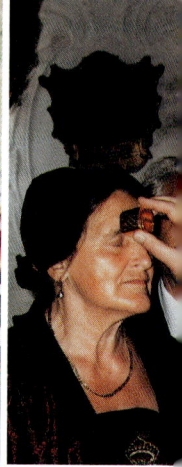

Karsamstag/Ostersonntag
ab Mitternacht: Ostersingen
in Bleiburg/Pliberk
☏ *04235/2032*
Morgendliche Auferstehungsfeier
bzw. Gang zum hl. Grab

Ostermontag
St. Wolfgang am Wolfsberg bei
Spittal/Drau: Gottesdienst mit
anschließender Versteigerung
von Schweinsstelzn zur Kirchen-
renovierung, Pfarre Seeboden,
☏ *04762/81 36*
»Emmausgänge«, z. B.
in Gurk ☏ *04266/8236*,
Maria Gail ☏ *04242/32116* und
St. Andrä/Lav. ☏ *04358/2232*

Sonntag vor oder nach dem 23. April (hl. Georg)
Georgsfest mit Pferdesegnung
und Georgiritt, u. a. in St. Georgen
am Längsee, ☏ *04213/2183*,
Würmlach, ☏ *04718/678* und in
Friedlach, ☏ *04277/2613*

Monat Mai
Maiandachten in vielen Kärntner
Pfarren, beispielsweise im Dom
zu Klagenfurt den ganzen Mai mit
verschiedenen Predigern,
Dompfarre Klagenfurt
☏ *0463)/54950*

Christi Himmelfahrt
»Emporschwebende Christusstatue« bzw. »Engele Tanzen«,
u. a. in Zedlitzdorf bei Gnesau,
☏ *04278/329*,
Maria Dornach, ☏ *04825/232*,
Rangersdorf, ☏ *04823/344*
und Lisnaberg/ Lisna gora,
☏ *04232/3313*

Pfingsten
Firmungen in den Domkirchen
Klagenfurt ☏ *0463/54950*,
Gurk ☏ *04266/8236* und
Maria Saal ☏ *04223/2254*

Fronleichnams-prozession (links)

Augensegen am Hemmatag (Mitte)

Kräutersegnung (rechts)

Pfingstmontag
Gottesdienst mit Weinsegnung, anschließend Kufenstechen in Ober- und Unterfeistritz,
☎ *04256/2562*

Dreifaltigkeitssonntag
(Sonntag nach Pfingsten)
Prozession und Kirchtag in Heiligste Dreifaltigkeit am Gray, Pfarre Obermühlbach
☎ *04212/2478*

Fronleichnam
(2. Donnerstag nach Pfingsten)
Fronleichnamsprozessionen mit Beteiligung örtlicher Vereine

Freitag vor dem Hemma-Tag
(27. Juni)
Gebet in die Nacht in den Kirchen Kärntens

27. Juni (Fest der hl. Hemma)
Festgottesdienst des Gurker Domkapitels, Spendung des Augensegens, Pfarramt Gurk,
☎ *04266/8236-12*

Sonntag vor oder nach dem 24. Juli (»Christophorus-Sonntag«)
Autosegnungen in einigen Kärntner Pfarren
Päpstliche Missionswerke,
☎ *0463/5877-2620*
Gottesdienst mit Fahrradsegnung in St. Gandolf, Maria Innerwinkler,
☎ *04277/2477*
oder Pfarramt St. Gandolf,
☎ *04277/2433*

Erntedank

Kirchweihfeste (Kirchtage) in vielen Kärntner Pfarren

Sonntag vor oder nach dem 25. Juli (hl. Jakobus)
»Kufenstechen« anlässlich des Kirchtages in Nötsch, Pfarre Saak,
☏ *04256/2250*

Sonntag vor oder nach dem 10. August (hl. Laurentius)
»Kufenstechen« anlässlich des Kirchtages in Saak, Pfarre Saak,
☏ *04256/2250*

13. August (hl. Radegund)
Radegundi-Fest in St. Radegund/ Wiesen, mit Prozession von Maria Luggau ☏ *04716/365*

15. August (Mariä Himmelfahrt)
Kräutersegnungen bei den Gottesdiensten, u. a. in
Maria Saal ☏ *04223/2254*,
in Gurk ☏ *04266/8236-12*,
in Maria Luggau ☏ *04716/601*,
Winklern ☏ *04822/290*,
Maria Dorn/ Marija v trnju,
Bad Eisenkappel/ Železna kapla
☏ *04238/319-0*

Letzter Sonntag im August
Burgarena Finkenstein: Abschlussgottesdienst der Touristenseelsorge, ☏ *0463/5877-115*;
http://www.touristenseelsorge.at

1. September (hl. Egid)
Gottesdienst mit Weinsegnung, anschließend Kufenstechen
in Dellach im Gailtal,
☏ *04256/2562*

Sonntag nach dem 8. September (Mariä Geburt)
Gottesdienst mit Weinsegnung, anschließend Kufenstechen in Göriach, ☏ *04256/2562*

29. September (hl. Michael)
Gottesdienst mit Weinsegnung, anschließend Kufenstechen in Egg bei Hermagor,
☏ *04256/2562*

Heiliger Martin

September/Oktober
Erntedank- und Kirchweihfeste

Sonntag vor Allerheiligen
»Simoni-Sagln« in St. Ulrich bei Feldkirchen, ☏ *04276/2166*

Allerheiligen/Allerseelen
Gräbersegnung, Totengedenken auf allen Kärntner Friedhöfen

Sonntag vor oder nach dem
3. November (hl. Hubertus)
Hubertusmessen der Jäger, z. B. in der Filialkirche Döllach im Mölltal, Pfarre Sagritz, ☏ *04825/232*

6. November (hl. Leonhard)
Opferung einer »Leonhardfigur aus Eisen« in Bad St. Leonhard im Lavanttal, ☏ *04350/2259*

11. November (hl. Martin)
Lichterprozessionen (Laternenumzüge), u. a. in Klagenfurt-St. Martin, ☏ *0463/210701*, Villach-St. Martin, ☏ *04242/565 68*, Obervellach, ☏ *04782/2243*, St. Martin am Techelsberg, ☏ *04272/6201* und Sörg, ☏ *04215/2205*

22. November (hl. Cäcilia)
Konzerte anlässlich des Tages der Kirchenmusik, ☏ *0463/5877-2120*

Wallfahrten, bewährte religiöse Vollzüge mit einer uralten Tradition, finden sich in vielen Religionen. Auch in Kärnten machen sich heute Menschen an vielen Orten, allein oder mit einer Gruppe, auf den Weg zu einer der über 1000 Kirchen. Herausragende Wallfahrtsorte wie Gurk, Maria Saal und Maria Luggau, die zahlreichen Marienkirchen der Diözese oder Wallfahrten wie der Vierbergelauf ziehen jährlich Tausende Pilger an. Sie suchen Trost und Hoffnung, wollen für ihr Leben Orientierung finden, danken oder durch körperliche Bewegung auch wieder seelische und geistige Kraft finden. In einer Welt, die geprägt ist von einer starken Beschleunigung aller Lebensvollzüge und Abläufe, sind Wallfahrten ein beliebtes Kontrastprogramm zur Entschleunigung und Besinnung auf das Wesentliche. Deshalb suchen auch immer mehr junge Menschen diese Erfahrung des Betens mit Leib und Seele. Die stimmungsvolle Kärntner Landschaft macht Wallfahrten zu einem nachhaltigen und befreienden Erlebnis.

Zusammenstellung: Matthias Kapeller

Wallfahrten in Kärnten Ein Überblick

MÄRZ

19. März (hl. Josef)
Josefiwallfahrt von der Pfarrkirche Neu St. Josef (Bodensdorf) zur Wallfahrtskirche Alt St. Josef auf der Tratten, Pfarramt St. Josef,
☎ 04243/2259

APRIL

25. April (hl. Markus)
Wallfahrt von Maria Bichl nach Lieserhofen, Pfarre Baldramsdorf,
☎ 04762/7130
Markusprozession von der Kreuzkapelle zur Pfarrkirche, Pfarre Arnoldstein, ☎ 04255/2535
Bittprozessionen und Flurumgänge, z. B. in Obermillstatt,
☎ 04766/2190

Letzter Sonntag im April
Wallfahrt von Obermillstatt nach Matzelsdorf, Pfarre Obermillstatt,
☎ 04766/2190

MAI

1. Mai
Familienfußwallfahrt
mit Besuch der fünf Filialkirchen Schönweg, St. Jakob, Jakling, Siebending und Fischering. Beginn in der Stadtpfarrkirche St. Andrä, Ende in der Loretokirche, Pfarre St. Andrä i. Lav.,
☎ 04358/2232
Fußwallfahrt von Klein St. Paul zur Filialkirche St. Florian, Pfarre Klein St. Paul, ☎ 04264/2317
Wallfahrt der Pfarre Friesach auf den Gunzenberg; Pfarre Friesach,
☎ 04268/2272

1. Sonntag im Mai
Wallfahrt der Pfarren Bleiburg/Pliberk, Globasnitz/Globasnica, St. Michael/ Šmihel, St. Stefan unter Feuersberg/Šteben und Schwabegg/ Žvabek nach Rinkenberg/Vogrče, Pfarre Bleiburg/Pliberk, ☎ 04235/2032

4. Mai (hl. Florian)
Wallfahrt der Pfarren Millstatt und Obermillstatt nach Maria Bichl, Pfarre Millstatt, ☎ 04766/2147
Florianiprozession von Pöckau nach Lind, Pfarre Arnoldstein,
☎ 04255/2535
Bäuerinnenwallfahrt jährlich in einen anderen Bezirk; Auskunft: Kammer für Land- und Forstwirtschaft in Kärnten,
☎ 0463/5850-390

Samstag vor oder nach dem 4. Mai (hl. Florian)
Florianiprozession von Kötschach nach Oberdrauburg, Pfarre Kötschach, ☎ 04715/244

Zweiter Samstag im Mai
Männerwallfahrt nach St. Gandolf, Pfarramt St. Veit, ☎ 04212/2287
oder Prof. Heinz Ellersdorfer,
☎ 04212/2210

Am letzten Samstag im Mai
10-Kirchen-Wallfahrt Mallestig/Malošče (Finkenstein/Bekštanj) – Faak/Bače – Pogöriach/Pogorje – Latschach/Loče – Untergreuth/Rute – Kanzianiberg/Škocijan – Goritschach/Goriče – Techantig/Teharče – Gödersdorf/Diča vas – St. Stefan/Šteben, Pfarre St. Stefan – Finkenstein/Šteben – Bekštanj, ☎ 04254/2002

Wallfahrten als »Wege nach innen«

JUNI

Sonntag nach dem 15. Juni (hl. Vitus)
Fußwallfahrt der Pfarren Kraig, St. Veit und Meiselding nach Gurk, Pfarramt St. Veit,
☎ 04212/2287 oder
Prof. Heinz Ellersdorfer,
☎ 04212/2210

3. Samstag im Juni
Männer-Sternwallfahrt nach Maria Saal aus dem Raum Klagenfurt, Pischeldorf, Brückl, St. Veit/Glan, Treibach, Moosburg, Grafenstein und Feldkirchen, Pfarre Feldkirchen,
☎ 04276/2166

Samstag vor oder nach dem Hemmafest (27. Juni)
Nachtwallfahrt der Pfarre St. Hemma von St. Hemma über Goggausee im Wimitzgraben nach Gurk. Bei Schlechtwetter: Verschiebung auf 26. Oktober; Route: Meiselding über Dörfl nach Gurk, Pfarre St. Hemma,
☎ 0463/512728

28./29. Juni
Wallfahrt vom Pinzgau nach Heiligenblut (»Pinzgauer Wallfahrt«), Pfarre Heiligenblut
☎ 04824/2255

Letzter Samstag im Juni
Wallfahrt von Forni Avoltri nach Maria Luggau, Pfarre Maria Luggau, ☎ 04716/601

JULI

2. Juli
Wallfahrt aus dem Lavanttal und dem Obdacher Land zur Zöhrerkapelle ob Reichenfels, Pfarramt Reichenfels, ☎ 04359/2280

1. Freitag im Juli
Alle drei Jahre (2004, 2007, …): Wallfahrt von Judenburg/Stmk. nach Maria Waitschach, Auskunft über Pfarre Hüttenberg,
☎ 04263/227

1. Sonntag im Juli
Verlöbnisprozession von Ötting nach Maria Pirkach, Pfarre Dellach, ☏ 04714/358
Wallfahrt der Pfarre Friesach nach Maria Waitschach, Pfarre Friesach, ☏ 04268/2272
Nachtwallfahrt von Maria in Graben in Vorderberg nach Maria Luschari, ☏ 04282/3500

2. Samstag im Juli
Wallfahrt der Pfarren Winklern und Rangersdorf von Thal/Aßling über den Kofel nach Maria Luggau, Pfarre Winklern, ☏ 04822/290

Letzter Samstag im Juli
Heiligenbluter Wallfahrt von Heiligenblut nach Obermauern bei Virgen (Osttirol), Pfarre Heiligenblut, ☏ 04824/2255

26. Juli (hl. Anna)
Wallfahrt auf den Matzenberg/Macna zum Annakirchlein, Pfarre Ferlach/Borovlje, ☏ 04227/2290
Wallfahrt auf den Lisnaberg/Lisna gora, Pfarre St. Peter am Wallersberg/Št. Peter na Vašinjah, ☏ 04232/3313

AUGUST

1. Sonntag im August
Wallfahrt von Rosenheim auf den Lampersberg, Pfarre Baldramsdorf, ☏ 04762/7130
Prozession von St. Martin am Silberberg und St. Johann a. Pressen nach St. Oswald/Sommerau, Pfarre Reichenfels, ☏ 04359/2280

15. August (Hochfest »Mariä Himmelfahrt)
Schiffsprozession auf dem Wörther See, Pfarre Klagenfurt-St. Josef, ☏ 0463/22618-0
Mallnitzer Tauernprozession von der Jamnigalm bis zum Tauernkreuz im Nationalpark Hohe Tauern, Pfarre Mallnitz, ☏ 04784/282
Wallfahrt von Graz über Maria Saal nach Maria Luschari
Wallfahrten zu den über 40 Marienwallfahrtsorten in Kärnten, z. B. zur Kirche Maria Dorn/Marija v trnju, Pfarre Bad Eisenkappel/Železna kapla, ☏ 04238/319-0, nach Maria Elend/Podgorje (Bergkapelle), ☏ 04253/304 oder nach Maria Saal (Kroatenwallfahrt), ☏ 04223/2254

24. August (hl. Bartholomäus)
Wallfahrt von Oberdrauburg nach Maria Luggau, Pfarramt Dellach im Drautal, ☏ 04714/358

SEPTEMBER

Erster Samstag im September
Fußwallfahrt von Maria Siebenbrünn/Naša Gospa pri sedmih studencih nach Maria Luschari, Pfarre: St. Leonhard bei Siebenbrünn/Št. Lenart pri sedmih studencih, ☏ 04257/22 89

Erster Sonntag im September
Schutzengelprozession von Reichenfels nach St. Johann am Pressen, Pfarre Reichenfels, ☏ 04359/2280

Der Mensch als Wanderer und Pilger im Strom der Zeit

8. September
(Fest »Mariä Geburt«)
Wallfahrten zu den über 40 Marienwallfahrtsorten in Kärnten

9. September
Kunigundenwallfahrt von St. Andrä zur Kunigundenkirche am Reisberg, Pfarre St. Andrä i. Lav., ☏ 04358/2232

3. Samstag/Sonntag im September
»Plodner«-Wallfahrt von Sappada (dt. Sprachinsel in Italien) nach Maria Luggau, ☏ 04716/601

3. Sonntag im September
Wallfahrt zum Hemmaberg bei Globasnitz/Sv. Hema pri Globasnici, Pfarre Globasnitz/-Globasnica, ☏ 04230/216

OKTOBER

1. Sonntag im Oktober
Wallfahrt des »Lebendigen Rosenkranzes« zu jährlich wechselnden Orten, Informationen: Slowenische Katholische Frauenbewegung, ☏ 0463/511166
Wallfahrt von Tischlwang (Italien) nach Kötschach, Pfarramt Kötschach, ☏ 04715/244-0

2. Sonntag im Oktober
Fußwallfahrt der Pfarre Klagenfurt-St. Modestus über den Maria Saaler Berg nach Maria Saal, Pfarre Klagenfurt St. Modestus, ☏ 0463/37005

Letzter Sonntag im Oktober
Wallfahrt auf den Lisnaberg/Lisna gora, Pfarre St. Peter am Wallersberg/ Št. Peter na Vašinjah, ☏ 04232/3313

Gemeinsam pilgernd unterwegs sein

NOVEMBER

Samstag nach dem 17. November (hl. Gertrud von Helfta)
Fußwallfahrt der Pfarren Grafendorf, Kötschach, Mauthen, Reisach und St. Daniel über den Plöckenpass nach Timau (Italien); Information: Fritz Klaus sen.,
☏ 04715/262

DEZEMBER

13. Dezember (hl. Lucia)
Wallfahrt zur Kirche in St. Lorenzen, Pfarre St. Peter am Wallersberg/Št. Peter na Vašinjah,
☏ 04232/3313;
Wallfahrt nach St. Luzia, Aich/Dob, Pfarre Schwabegg/Žvabek, ☏ 04356/2348

WALLFAHRTEN MIT »BEWEGLICHEN« TERMINEN

Freitag vor dem Palmsonntag (Palmfreitag oder »Schmerzensfreitag«)
Wallfahrt von Bleiburg/Pliberk nach Heiligengrab/Humec, Pfarre Bleiburg/Pliberk,
☏ 04235/2032

Mittwoch nach Ostern
Gelöbniswallfahrt von Penk/Ponikva nach Einersdorf/Nonča vas (Pfarre Bleiburg/Pliberk),
☏ 04235)/2032

1. Sonntag nach Ostern
Wallfahrt auf den Lisnaberg/Lisna gora, Pfarre St. Peter am Wallersberg/Št. Peter na Vašinjah,
☏ 04232/3313

An einem Samstag nach Ostern
Familienwallfahrt der Pfarren des Dekanates Klagenfurt Land nach Maria Saal, Pfarre St. Martin am Techelsberg, ☏ 04272/6201

Dreinagelfreitag
(2. Freitag nach Ostern)
Vierbergelauf: 50-km-Wallfahrt vom Magdalensberg über Ulrichsberg, Veitsberg zum Lorenziberg, Pfarre Ottmanach,
☏ *04224/2502*
Dreiberge-Wallfahrt vom Lisnaberg/Lisna gora über Heiligenstadt/Sveto mesto nach Heiligengrab/Humec bei Bleiburg/Pliberk, Pfarramt St. Peter am Wallersberg/Št. Peter na Vašinjah,
☏ *04232/3313;*
Wallfahrt der Volksschule Prebl von Prebl nach Gräbern, Pfarramt Prebl, ☏ *04353/350* oder Volksschule Prebl, ☏ *04353/354;*
Wallfahrt vom Weinberg, Josefsberg zum Johannesberg, Pfarre St. Paul/Lavanttal,
☏ *04357/2019-54;*
Wallfahrt von Zweinitz über Weitensfeld nach Altenmarkt, Pfarre Zweinitz, ☏ *04265/326;*
Wallfahrt der Lavanttaler von Schiefling und Bad St. Leonhard nach Gräbern, Pfarre Bad St. Leonhard, ☏ *04350/2259*

2. Sonntag nach Ostern
»Ökumenischer Weg« von Bad Kleinkirchheim über St. Peter, Feld am See, Tobitsch und Wöllan nach Arriach, Pfarre Bad Kleinkirchheim, ☏ *04240/215*

3. Sonntag nach Ostern
Wallfahrt der Pfarren Maria Rain/Žihpolje, Göltschach/Golšovo und Köttmannsdorf/Kotmara vas nach Maria Saal, Pfarre Maria Rain/Žihpolje, ☏ *04227/84238*

An den drei Tagen (»Bitttage«) vor Christi Himmelfahrt
Bittprozessionen, Flurumgänge und »Verlobte Prozessionen« als Dank für die Errettung von Naturkatastrophen und mit Gebet um Schutz vor Naturgewalten, z. B. in Obermillstatt, ☏ *04766/2190*

Die Gegenwart Gottes erleben

1. Freitag bzw. Samstag nach Christi Himmelfahrt
Wallfahrt nach Kötschach, Prozessionen aus Mauthen, St. Daniel, Oberdrauburg, Stall, Grafendorf, Würmlach und Oberleidnig im Iseltal ziehen nach Kötschach, Pfarramt Kötschach, ☎ *04715/ 244-0*

Sonntag nach Christi Himmelfahrt
Wallfahrt von Bad St. Leonhard nach Hirschegg, Pfarre Bad St. Leonhard, ☎ *04350/2259;*
Krainer Wallfahrt von Zell Pfarre/Sele fara und dem Raum Krainburg (Slowenien) nach Glainach/Glinje, Pfarre Ferlach/Borovlje, ☎ *04227/2290;*
Wallfahrt von der Pfarrkirche Mauthen nach San Pietro bei Zuglio in Carnia (Italien), Monika Klaus, ☎ *04715/416;*
Wallfahrt von Bleiburg/Pliberk nach Heiligenstadt/Sveto mesto und Pustritz, Informationen: Pfarre Bleiburg/Pliberk, ☎ *04235/2032*

Pfingstsamstag und -sonntag
Wallfahrt von St. Lorenzen, Unter- und Obertilliach in Tirol nach Maria Luggau, Pfarre Maria Luggau, ☎ *04716/601*

Pfingstsonntag
Wallfahrt von Hirschegg nach Bad St. Leonhard, Pfarre Bad St. Leonhard, ☎ *04350/2259*

Pfingstmontag
Wallfahrt von St. Paul/Lavanttal auf den Josefsberg, Stiftspfarramt St. Paul, ☎ *04357/201954;*
Wallfahrt von St. Oswald bei Bad Kleinkirchheim nach Matzelsdorf, Pfarre Bad Kleinkirchheim, ☎ *04240/215;*
Wallfahrt auf den Lisnaberg/Lisna gora, Pfarre St. Peter am Wallersberg/ Št. Peter na Vašinjah, ☎ *04232/3313;*
Wallfahrt von Kornat nach Maria Luggau, Pfarre Kornat, ☎ *04716/253;*

Jedes Aufbrechen hat ein Ziel.

Mittwoch nach Pfingsten
Gelöbniswallfahrt von Penk/Ponikva nach Oberloibach/Zgornje Libuče, Pfarre Bleiburg/Pliberk, ☎ 04235/2032

Fronleichnam
Schiffsprozession auf dem Millstätter See, ☎ 04766/2147

Freitag nach Fronleichnam
Alle drei Jahre (2003, 2006,...): Fußwallfahrt von Prebl über das Klippitztörl und die Lölling nach Maria Moos in Kirchberg, Hermann Rampitsch, ☎ 04353/278

Freitag und Samstag nach Fronleichnam
Gelöbniswallfahrt der Pfarre Prebl nach Maria Hilf und Maria Waitschach (im dreijährigen Intervall: 2003, 2006, ...), Pfarramt Prebl, ☎ 04353/350

Samstag nach Fronleichnam
Wallfahrt der Pfarre Greutschach/Krčanje in die Marien- und Autobahnwallfahrtskirche Dolina, Pfarre Poggersdorf/Pokrče, ☎ 04224/81117

Sonntag nach Fronleichnam
Fußwallfahrt der Katschtaler über die Torscharte – Stubeck nach Malta, Pfarre St. Peter im Katschtal, ☎ 04734/262

3. Freitag nach Pfingsten
(Herz-Jesu-Fest)
Wallfahrt von St. Anna in Lavantegg (Stmk.) nach Maria Hilf und Maria Waitschach, Pfarre Guttaring, ☎ 04262/8124

4. Sonntag nach Pfingsten
Wallfahrt der Pfarren Zeltschach und Dobritsch nach Maria Waitschach, Pfarre Zeltschach, ☎ 04268/4410

Beten mit Leib und Seele

Samstag im Juli oder August
Dreiländerwallfahrt, abwechselnd nach Kärnten, Friaul–Julisch-Venetien und Slowenien; Termin wird zwischen den Diözesen jeweils vereinbart
Informationen: Bischöfliches Seelsorgeamt, ☏ *0463/5877-2101*

WALLFAHRTEN, DEREN ENTSTEHUNG AUF DIE ERRETTUNG VON SCHWEREN KRANKHEITEN UND SEUCHEN (»PESTWALLFAHRTEN«) ZURÜCKGEHT

Am 1. Sonntag nach Ostern
von Gunzenberg und Meiselding nach St. Kosmas, Pfarre St. Stefan am Krappfeld, ☏ *04262/29074*

Am 2. Sonntag nach Ostern
von Althofen nach St. Kosmas, Pfarre St. Stefan am Krappfeld, ☏ *04262/29074*

Am 3. Sonntag nach Ostern
von Hohenfeld und Micheldorf nach St. Kosmas, Pfarre St. Stefan am Krappfeld, ☏ *04262/29074*

Zu Christi Himmelfahrt
von St. Peter bei Reichenfels nach Hirschegg, Pfarre St. Peter bei Reichenfels, ☏ *04359)/2280*

Am Samstag vor Pfingsten
Urbani-Prozession von Möderndorf nach St. Urbani, Pfarre Hermagor, ☏ *04282/2141*
Große Diexer Wallfahrt nach Hochfeistritz, Pfarre Eberstein, ☏ *04264/81 30*

Am Sonntag vor Pfingsten
von Bad St. Leonhard nach Hirschegg (Stmk.), Pfarre Bad St. Leonhard, ☏ *04350/2259*

Am Pfingstsonntag
von Irschen nach Heiligenblut, Pfarre Irschen, ☏ *04710/2570*

Am Pfingstsonntag
von Hirschegg nach Bad St. Leonhard, Pfarre Bad St. Leonhard, ☏ *04350/2259;* von Stainz und Obdach über Ossiach nach Maria Luschari

Am 1. Wochenende im Juli
von Kärntnerisch-Laßnitz nach Maria Waitschach, Pfarre Kärntnerisch-Laßnitz, ☏ *03585/23050*

WALLFAHRTEN ZU DEN ÜBER 40 MARIENWALLFAHRTSORTEN IN KÄRNTEN

Wallfahrten zum 13. jeden Monats
Ganzjährig
Maria Rain/Žihpolje, Pfarre Maria Rain, ☏ *04227/84238*

Von Mai bis Oktober
Maria Bichl (Gemeinde Lendorf) Freudenberg
Maria Höfl bei Metnitz
Maria Landskron
St. Jakob im Lesachtal
Maria Pirkach (Dekanats-Fatima-Sühnewallfahrt aller Pfarren des Dekanats Greifenburg), Pfarre Ötting Maria Landskron und viele andere Orte in Kärnten

Gottesdienst mit P. Gustav Bergmans in der Burgarena Finkenstein

Touristenseelsorge in Kärnten

Leitung: P. Gustav Bergmans OFM

Seine Kanzeln sind Berggipfel und Hotelhallen, er ist lebensnah, tolerant und fröhlich, mit einem weiten Herzen für die Menschen und nicht nur in Kärnten, sondern darüber hinaus als der »Fliegende Holländer« bekannt: Der holländische Franziskanerpater Gustav Bergmans wirkt seit 1968 als einziger hauptamtlicher Touristenseelsorger Österreichs in der Diözese Gurk und begeistert mit seinen Gottesdiensten und Vorträgen jährlich Tausende von Menschen: in Hotels, auf Campingplätzen oder auf Berggipfeln. Vielfältig ist das Angebot der Touristenseelsorge, das sich an Gäste und an die im Tourismus Beschäftigten in gleicher Weise richtet: Gottesdienste, Vorträge, das Spenden von Sakramenten, Kamingespräche, Segnungen, Kulturveranstaltungen. Über 60.000 Menschen pro Jahr schöpfen auf diese Weise Kraft und Freude zum Leben und zum Glauben.

P. Bergmans und sein Team gestalten alle Gottesdienste mehrsprachig, auch für musikalische Umrahmung ist immer gesorgt. Es soll, so wird erzählt, sogar Gäste geben, die wegen P. Bergmans alljährlich ihren Urlaub in Kärnten verbringen.

Wallfahrts-Autobahnkirche Dolina

Bergmessen

Bad Kleinkirchheim, Kaiserburg
St. Oswald, Priedröf
Millstätter Alm
Dobratsch
Bärental
Gerlitzen
Weißensee, Naturalm
Schoberriegel, Turrach
Turracher Höhe (Kirche)
Falkert
Nassfeld, Schlanitzer Alm und Soldatenkirchlein

Gottesdienste auf Campingplätzen

Faaker See, Camping Gruber
Keutschacher See, Camping Sapotnik
Turnersee, Camping Breznig
Ossiacher See, Camping Berghof
Maltschacher See, Feriendorf Hafnersee, Camping
Eberndorf, Camping Rutar-Lido

Gottesdienste in Hotels

Pörtschach, Parkhotel
Velden, Park-Golf-Hotel
Weißensee, Hotel Alpenhof
Heiligengeist, Hotel Ebner
Obermillstatt, Bio-Hotel »Alpenrose«
Bad Kleinkirchheim, Hotel »Die Post«
Micheldorf, Hotel »Agathenhof«
Faaker See, Hotel Karnerhof
Bad Kleinkirchheim, Thermenhotel Ronacher
Falkert, Sporthotel Köfer
Krumpendorf, Babyhotel
Treibach-Althofen, Kurhotel
Kötschach-Mauthen, Hotel Kürschner
Burgarena Finkenstein (Festgottesdienst im August)
sowie Gottesdienste bei folgenden »events«:
Nötsch, Polenta-Fest
Schloss Moosburg, Speisensegnung am Karsamstag

Kötschach-Mauthen, Käsefest
Klopeiner See, Seniorenwoche
Klagenfurt, Gospel-Messe beim
»New Orleans«-Festival

Informationen über Gottesdienste und weitere Angebote der Touristenseelsorge:

Tel.: 0463/5877-2115, 2116
http://www.touristenseelsorge.at

Informationen über Gottesdienste in Kärnten:

- Amtliches Telefonbuch
- Pfarramt der jeweiligen Gemeinde

Auskünfte über Telefonnummern der Pfarrämter:

- Amtliches Telefonbuch
- Bischöfliches Ordinariat, Tel.: 0463/57770-0
- Bischöfliches Seelsorgeamt, Tel.: 0463/5877
- Slowenische Abteilung im Bischöflichen Seelsorgeamt, Tel.: 0463/54587

Kirchliche Adressen

www.kath-kirche-kaernten.at

Bischöfliches Ordinariat
Mariannengasse 2,
9020 Klagenfurt,
☏ *0463/57770;*
e-mail: *info@kath-kirche-kaernten.at*

Seelsorgeamt der Diözese Gurk
Tarviserstraße 30,
9020 Klagenfurt,
☏ *0463/5877-0;*
e-mail: *seelsorge@dioezese-gurk.or.at*

Slowenische Abteilung im Bischöflichen Seelsorgeamt
Viktringer Ring 26,
9020 Klagenfurt,
☏ *0463/54587;*
e-mail: *pisarna@dpu.at*

Touristenseelsorge Kärntens
Tarviserstraße 30,
9020 Klagenfurt,
☏ *0463/5877-2115;*
e-mail: *rauneg@dioezese-gurk.or.at*
www.touristenseelsorge.at

Ökumenische Telefonseelsorge, ☏ *142*

Diözesanes Referat für Internet- und Kulturkoordination
Mariannengasse 2,
9020 Klagenfurt,
☏ *0463/57770-1995;*
e-mail: *karl-heinz.kronawetter@kath-kirche-kaernten.at*

Diözesanmuseum
Lidmanskygasse 10/3,
9020 Klagenfurt,
☎ *0463/502498 oder
0463/57770-1064*

Archiv der Diözese Gurk
Mariannengasse 2,
9020 Klagenfurt,
☎ *0463/57770-1981;*
e-mail: *archiv@kath-kirche-kaernten.at*

Kirchenbeitragsdienst der Bischöflichen Finanzkammer
Mariannengasse 2,
9020 Klagenfurt,
☎ *0463/57770-1981;*
e-mail: *kb.referat@kath-kirche-kaernten.at*

Kärntner Caritasverband
Sandwirtgasse 2,
9020 Klagenfurt,
☎ *0463/55560-0;*
e-mail: *office@caritas-kaernten.at*
www.caritas-kaernten.at

Institut für Familienberatung und Psychotherapie
Kolpinggasse 6/II,
9020 Klagenfurt,
☎ *0463/56777*

Weitere christliche Kirchen mit Sitz in Kärnten:

Evangelische Kirche A.B.
Italienerstraße 38,
9500 Villach,
☎ *04242/24131;*
e-mail: *kaernten@evang.at*
www.evang.at

Altkatholische Kirche
Kaufmanngasse 11,
9020 Klagenfurt,
☎ *0463/512610;*
e-mail: *doellinger@chello.at*

Serbisch-orthodoxe Kirche
Dammgasse 17,
9020 Klagenfurt,
☎ *0463/428639*

Anglikanische Kirche
Mageregger Straße 196,
9020 Klagenfurt,
☎ *0463/47965*